SAVEURS
DU
QUÉBEC

Joanne

Puisses-tu conserver
nos belles Traditions culinaires

Bon appétit

Je t'aime

Maman Michu

Noël 2001

SAVEURS DU QUÉBEC

L'ART D'APPRÊTER LES QUATRE SAISONS

PHOTOS DES RECETTES

❖

Peter Baumgartner

PHOTOS

❖

Francesco Bellomo

RECETTES

❖

André Besson
Rollande DesBois
Armand Forcherio
Philippe Laloux
Jacques Robert

TEXTES

❖

Normand Cazelais

ÉDITIONS STROMBOLI

Produit et publié au Québec par les Éditions Stromboli, 1994

Éditeurs: Francesco Bellomo
          Dominique Blain
Directrice artistique: Dominique Blain

Recherchiste culinaire: Rollande DesBois
Rédacteurs: Normand Cazelais
            Anne Quirion
            Pierre-yves Marcoux
Correctrices: Solange Deschênes
              Hélène Matte

Conceptrice graphique et infographiste: France Lafond
Illustratrice: Nina Berkson

Photographes: Peter Baumgartner (recettes)
              Francesco Bellomo (paysages et portraits)
Styliste: Dominique Blain
Accessoiriste: Linda McKenty
Recherchistes: Lucille Blain
               Roger Blain
               Linda McKenty
Technicien en laboratoire: Tony Bellomo

Marketing corporatif: Martine Blain
Conseil en communication: Le Groupe BDDS
Directeur administratif: Francesco Bellomo
Administration: Carmela Bellomo

Diffusion au Canada
Diffusion Dimedia
539, boulevard Lebeau
Ville Saint-Laurent (Québec)
H4N 1S2

ISBN 2-921800-10-1

Pages 2 et 3: sur la rive du Saint-Maurice, l'église de Saint-Jean-des-Piles et son presbytère.
Page 4: perdrix rôties aux cerises de terre et choux braisés (recette p. 178).
Pages 8 et 9: levé de soleil sur le lac du Fou dans le parc de la Mauricie.

Préface

Depuis sa publication en 1994, *Saveurs du Québec* ne cesse de me surprendre, de me ravir, de me combler... Aussi, dans l'espoir de voir mon bonheur partagé j'ai profité de toutes les occasions pour répéter à qui voulait bien m'entendre que «*Saveurs du Québec* est le meilleur et plus beau livre de cuisine jamais publié au Québec ›». Je vantais les mérites de ce livre nécessaire avec d'autant plus d'empressement que *Saveurs du Québec* restait bien malgré moi un secret bien gardé.

À la fois simples et savantes, les recettes d'André Besson, de Rollande DesBois, d'Armand Forcherio, de Philippe Laloux et de Jacques Robert invitent à l'aventure au rythme vrai de nos saisons. On pourrait se contenter de reproduire leurs gestes et leurs façons de faire pour réussir. Mais de grâce, cher lecteurs, n'allez pas platement obéir. À votre tour inventez, prenez vos aises et soyez libres. Que ce livre vous serve de guide. Vous inspirant des admirables photos de Peter Baumgartner, composez vos assiettes.

Saveurs du Québec c'est aussi un pays qui s'offre au regard neuf de Francesco Bellomo. Des instants de beauté qu'on savoure des heures. Le temps s'est arrêté. Bellomo nous ouvre les yeux, on entend le vent dans les arbres, on surprend les gestes des gens d'ici, on prend enfin racine. Écoutez de vos yeux les oies blanches: foisonnement, bruissement, déferlement d'ailes. Bellomo éclaire Riopelle. Normand Cazelais, géographe du coeur, nomme le pays, nous l'offre, nous interpelle. *Saveurs du Québec* propose une promesse. À nous de la tenir.

Daniel Pinard

Table des matières

Le Goût du Québec

Texte de Normand Cazelais
Recettes de Rollande DesBois

Une géographie particulière

Le Québec a une géographie bien à lui. Il s'agrippe pour l'essentiel à un socle de l'âge de la Terre, ou presque. De vieilles roches précambriennes, dures, que l'érosion a mis des milliards d'années à rogner, creuser, modeler. Des roches granitiques, cristallines, largement imperméables, transformées en montagnes usées, ourlées en rondes-bosses où coulent de multiples rivières.

Tacheté de milliers et milliers de lacs, couronné au nord de toundra, il est, sur la majeure partie de sa surface, un tapis de forêt boréale, tissé de conifères et de feuillus, épinettes et sapins, bouleaux et peupliers, capables de résister aux morsures du gel. Au sud, les Appalaches, montagnes plus jeunes, ne dépassent guère les deux mille mètres; elles pressent leurs amples plis et leurs vallées parallèles, enfoncées comme des sillons de labour en travers de la côte Atlantique. Comme des remparts. Et, coincée entre le socle minéral et l'alignement des Appalaches, s'incruste une longue césure, zone effondrée dans une faiblesse de la croûte terrestre, où se sont déposés les limons des mers au retrait des glaciers, où est née une mince plaine nourricière irriguée par un fleuve qui devient bientôt golfe et bras de mer: la vallée du Saint-Laurent.

Une géographie inhabituelle. Dessinant un immense triangle au nord-est de l'Amérique, qui pourrait être une tête de quelque animal mythique dont la Gaspésie serait la lèvre pendante, le Québec couvre plus d'un million et demi de kilomètres carrés, trois fois la France, quatre fois l'Allemagne, cinq fois l'Italie. À mi-course entre l'équateur et le pôle, il va du 45e parallèle jusqu'aux franges du cercle arctique. Les relevés officiels lui donnent à peine quatre habitants au kilomètre carré: un pays vide. Pourtant, autour de Montréal et de Québec, dans la plaine du Saint-Laurent et les vallées affluentes, la densité humaine retrouve tout son poids; villes et banlieues, routes et autoroutes, rails, ports, industries et campagnes brodent la trame serrée d'un autre Québec, couvrant à peine le dixième de la superficie de l'autre, mais regroupant la presque totalité de sa population.

Pages précédentes: dans la vallée de Baie-Saint-Paul en Charlevoix, une ferme paisible, comme hors du temps.

Ci-contre: les spectaculaires falaises de Belle-Anse aux îles de la Madeleine.
Ci-dessous: le lac des Américains, retiré dans le parc de la Gaspésie, seul avec un cirque glaciaire à l'horizon et la moraine qui affleure.

Un lac de faille en amont du lac Wapizagonke, dans le parc de la Mauricie aménagé pour préserver une forêt laurentienne typique.

De l'Abitibi à la Côte-Nord, de l'Estrie au Lac-Saint-Jean, le Québec a déployé son oekoumène, espace habité en permanence et humanisé dans ses paysages, qui se comprime avec les ans, devant l'essoufflement des régions périphériques et la disparition des fermes vivrières nées à l'époque de l'impossible rêve de la conquête agricole, devant la toute-puissance des grands centres urbains et surtout de l'agglomération montréalaise; un oekoumène à la fois éparpillé et de plus en plus concentré. De profondément rural, le Québec est devenu résolument urbain.

Le Québec est vaste comme plusieurs pays d'Europe, mais la plupart de ses habitants vivent dans une portion d'espace aux dimensions européennes. Peu d'entre eux sont allés ou iront vers les terres boréales ou arctiques, se contentant d'en voir parfois des reproductions furtives ou d'en entendre parler de-ci de-là. Ce pays est le leur, ils le savent réservoir de ressources naturelles, d'hydroélectricité, de mines, de bois et papier, un pays en partie revendiqué par les populations autochtones qui s'y sont déployées depuis la mainmise des Blancs au sud. Ce pays est le leur, mais, rugueux, froid, inhospitalier, loin et difficile d'accès, ils ne le fréquentent pas: celui où ils vivent est suffisamment vaste pour satisfaire leurs besoins d'identification.

Un tel espace si loin, si distendu cache des beautés peu visitées: ceux qui ont vu les monts Torngat, là-haut tout au nord, à la limite du Labrador, et les rives déprimées du cratère du Nouveau-Québec qu'aucune rivière n'alimente, qui ont vu les hautes, très hautes falaises irisées du lac Guillaume-Delisle sur la mer d'Hudson et la dentelle de la côte tout étirée de Havre-Saint-Pierre à Kegaska, d'Harrington Harbour à Blanc-Sablon sur le détroit de Belle-Isle, ceux-là ont connu le frisson des trésors cachés.

Géographie particulière, marquée par la force du climat. Ailleurs, on dit du Québec qu'il est un pays nordique. Les cartes et les mappemondes montrent bien pourtant qu'il est nettement au sud des pays scandinaves. Et que Montréal est à la latitude de Bordeaux, Paris à celle de Baie-Comeau. Mais, tous en sont convaincus, même les gens d'ici, le Québec est un pays nordique. Que disent encore les cartes? Que l'Écosse tout entière est comprise entre Schefferville et Kuujjuaq sur la baie d'Ungava, l'Écosse pourtant habitée depuis des millénaires, l'Écosse et ses villages de pêche, ses troupeaux de moutons, son identité irréductible; mais entre Schefferville et Kuujjuaq rien ne pousse sauf la forêt boréale, les arbres rabougris et les lichens, le climat ne permettant aucune culture. Il faut y voir la double responsabilité du Gulf Stream qui va réchauffer les côtes occidentales de l'Europe et du glacial courant du Labrador qui charrie sans faillir eaux polaires et icebergs vers le golfe du Saint-Laurent, celle aussi de la circulation atmosphérique générale qui charrie, d'un souffle régulier, les vents d'ouest et transporte depuis l'intérieur du continent, depuis la froide mer d'Hudson et les hautes pressions de l'Arctique, des masses d'air souvent chargées de bise, de gel, de neige et de températures qui engourdissent la vie.

Seul, en conséquence, le Québec de base, celui au sud de l'Abitibi et du Lac-Saint-Jean, dans les plaines et les vallées, jouit de bons sols agricoles et d'un climat dit tempéré où la période végétative est suffisamment longue pour laisser croître légumes, fruits, céréales et autres productions agricoles. Tempéré? Il s'agit plutôt d'une vision de l'esprit, d'une moyenne. Ce climat n'est surtout pas réservé ou tiède; il est composé plutôt d'extrêmes qui allient étés chauds et courts, hivers longs, sévères et enneigés, automnes précoces, printemps qui se font attendre et qui explosent soudain, et fortes amplitudes thermiques (de quelques dizaines de degrés Celsius à l'intérieur d'un même mois, de plusieurs degrés dans une seule journée).

Entre les zones boréales et tropicales, sources de hautes pressions atmosphériques, ce Québec s'inscrit dans un large corridor de basses pressions soumises aux influences alternées des fronts chauds qui remontent du sud et des fronts froids qui descendent du nord, aux combats et aux luttes qu'ils se livrent l'année durant. Au coeur d'une telle zone de convergence et d'instabilité climatique, réussir les récoltes et obtenir avec régularité des produits de qualité n'est pas toujours aisé: l'agriculture québécoise en sait quelque chose!

Le sel de la mer, le souffle de l'air et les morsures du gel ont taillé des tours étranges sur la grève des îles de Mingan.

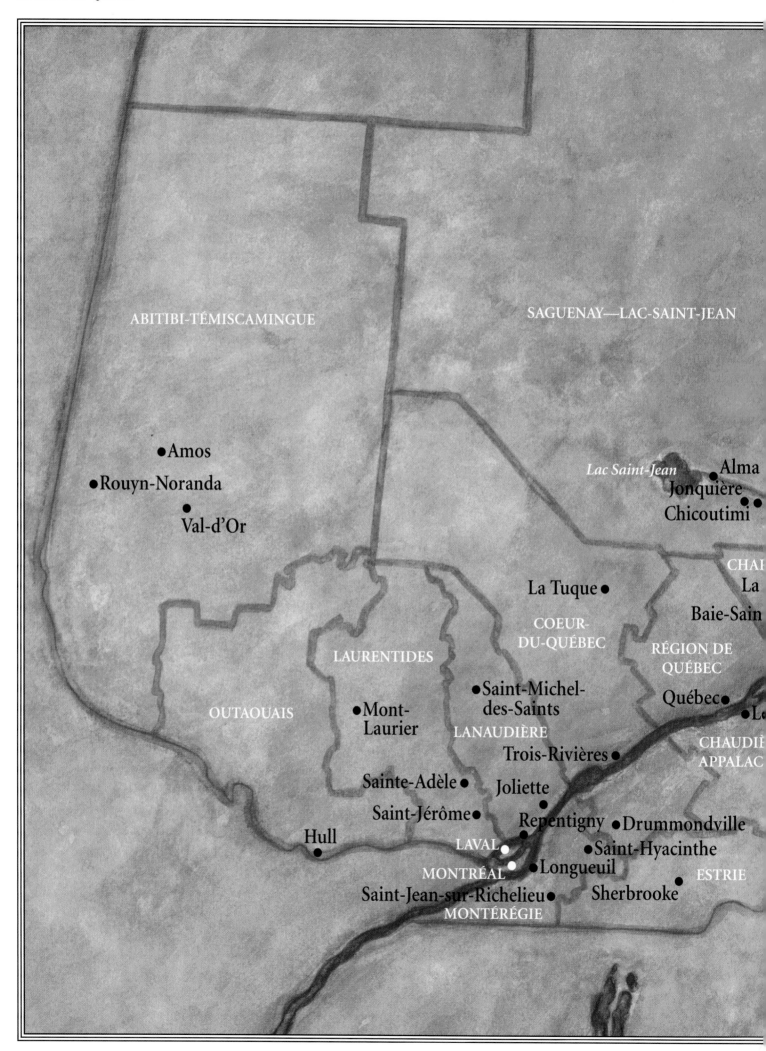

ABITIBI-TÉMISCAMINGUE

SAGUENAY—LAC-SAINT-JEAN

●Amos

●Rouyn-Noranda

●Val-d'Or

Lac Saint-Jean ●Alma

Jonquière●

Chicoutimi

CHAI

La Tuque ● La

Baie-Sain

COEUR-
DU-QUÉBEC

RÉGION DE
QUÉBEC

LAURENTIDES

●Saint-Michel-
des-Saints

Québec●

OUTAOUAIS ●Mont-
Laurier

LANAUDIÈRE

L

CHAUDIÈ
APPALAC

Trois-Rivières●

Sainte-Adèle ●

Joliette

Saint-Jérôme●

Repentigny ●Drummondville

Hull

LAVAL ○

Saint-Hyacinthe

MONTRÉAL ○ ●Longueuil

ESTRIE

Saint-Jean-sur-Richelieu●

Sherbrooke

MONTÉRÉGIE

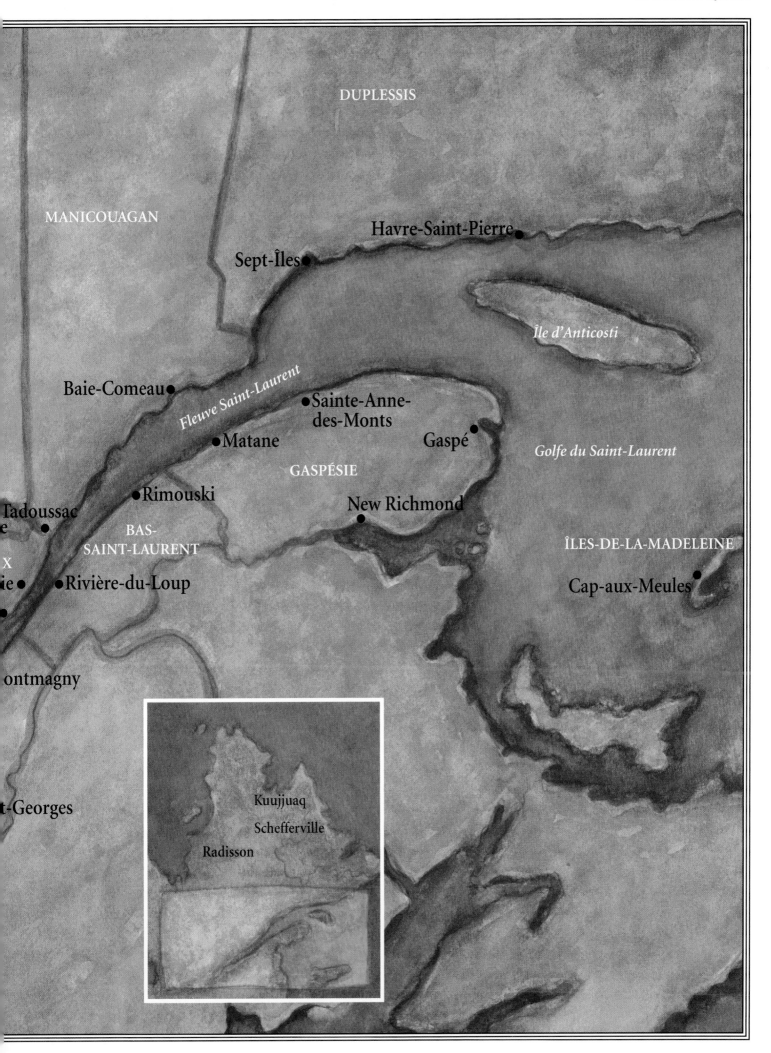

DUPLESSIS

MANICOUAGAN

Havre-Saint-Pierre

Sept-Îles

Île d'Anticosti

Baie-Comeau

Fleuve Saint-Laurent

Sainte-Anne-
des-Monts

Matane

Gaspé

Golfe du Saint-Laurent

GASPÉSIE

Rimouski

New Richmond

Tadoussac

ÎLES-DE-LA-MADELEINE

BAS-
SAINT-LAURENT

Rivière-du-Loup

Cap-aux-Meules

ontmagny

Kuujjuaq

Schefferville

Radisson

t-Georges

Le rang, l'âme du pays

Du haut des airs, le Québec est un atlas ouvert. Quand l'avion descend en pente douce vers la piste d'aéroport qui esquisse son ruban dans le lointain, il grossit peu à peu, se fait plus net, livrant aux hublots les particularités de ses paysages.

Le spectacle est plus captivant encore quand l'appareil vient par-delà l'Atlantique. Dans sa dernière portion, la ligne de vol emprunte habituellement l'axe du Saint-Laurent: l'espace ainsi révélé contraste avec les damiers serrés des campagnes européennes et les multiples taches de leurs agglomérations urbaines. Ici, apparaît avec netteté l'influence du long fleuve et de ses nombreux affluents qui présidèrent à la conquête du pays et à son organisation: dès les origines, dès les temps amérindiens et pour longtemps, lui et ses vassaux, coulant du nord comme du sud, furent les voies de pénétration et de circulation. «Le grand fleuve Sainct Laurent, l'ornement du pays», écrivit dans ses notes Samuel de Champlain, explorateur, géographe, cartographe et administrateur du roi. Compliment que compléta, quelques années plus tard, en 1626, la *Relation des Jésuites* en le qualifiant «d'un des plus beaux fleuves du monde».

Sur les berges, s'est développé un système original d'occupation des terres, intimement adapté à ce réseau en chevelu: le rang. Car il y eut d'abord la voie d'eau. Des géographes, tel le Français Deffontaines, parlèrent d'une «véritable civilisation de rivières» et, plus récemment encore, Louis-Edmond Hamelin, homme d'ici, de «rang d'habitat». Le chemin du Roy, première route carrossable entre Montréal et Québec, ne s'acheva d'ailleurs qu'en 1734, alors que le peuplement avait depuis longtemps conquis les rives du fleuve paternel.

La côte de Beaupré et les îles — aux Coudres, d'Orléans, du lac Saint-Pierre, de l'archipel d'Hochelaga — furent les premières gagnées. Puis, vinrent la rive nord jusqu'aux rapides de Lachine, les bords du Richelieu, la côte de Charlevoix vers le milieu du XVIIe siècle; après 1701, suivirent la Côte-du-Sud, l'ouest de Montmagny, la Chaudière et l'Etchemin. Et ainsi de suite. Il faudrait, un jour, raconter l'histoire des bateliers du Saint-Laurent, de l'Outaouais et d'autres rivières, des «coureurs de côtes» et du grain porté au fil de l'eau vers les moulins seigneuriaux...

Ci-contre: du haut du mont Saint-Joseph
derrière Carleton, le regard porte loin
sur les champs en lanière de la baie des Chaleurs.
Ci-dessous: l'île d'Orléans, d'abord nommée
île de Bacchus par Jacques-Cartier en raison de
l'abondance de ses vignes sauvages.

Un paysage comme en a chanté si souvent Félix Leclerc qui chérissait l'île d'Orléans et son fleuve.

En prenant racine ici, l'homme a innové. A-t-il inventé le rang? On ne compte plus les dissertations, hypothèses et théories sur sa signification: de rang? en rangée? à la rangette? tout d'un «raing»? Et sur son origine: est-il l'héritier des villages en longueur, les raons, de la côte picarde? des champs allongés de la rande poitevine? des waldhufendorfs allemands? du boel du pays de Caux?

Aujourd'hui, le terroir agricole a beaucoup régressé en superficie et l'importance démographique et politique des francophones a diminué au Canada et en Amérique du Nord, mais on retrouve le rang à la grandeur — ou presque — de cette portion de continent, là où ils ont essaimé: à Terre-Neuve, en Acadie et dans le sud-ouest ontarien, sous le treillis des rues de la ville de Detroit, dans les Prairies jusqu'au nord de l'Alberta, dans le sillon du Mississipi et au pays cajun.

Forme et moyen d'occupation de l'espace, le rang est plus qu'une structure cadastrale: il est un fait de société et de patrimoine, un acte culturel. Dans le reste du monde occidental, l'occupation des campagnes s'est partagée entre l'habitat groupé en des villages serrés, entourés de champs et de lots de toutes formes vides d'habitations, et l'habitat dispersé, tel l'*homestead*, le canton anglo-saxon, où chacun est établi au milieu du carré de sa propriété. Ici, en pays forestier, hostile mais toujours vaste, a émergé le rang qui tenait de tout cela mais qui, par dessus tout, était profondément original.

Le rang est fait d'un ensemble de lots rectangulaires, longues et étroites lanières parallèles entre elles et attenantes, habituellement à la perpendiculaire, à une voie de circulation. Chaque exploitant est établi à l'entrée de ses terres qui sont d'ordinaire d'un seul tenant. Comme maisons et bâtiments sont les propriétés respectives de chacun, l'habitat est dispersé; mais il est tout à la fois groupé puisqu'en raison de la forme même des parcelles, chacun est à proximité des autres. Tout le monde pouvait se porter mutuelle assistance pour déblayer la neige, se protéger des ennemis, s'aider aux champs. Tous étaient autonomes mais solidaires.

Sur ce continent neuf, en cet espace vierge d'occupation agricole, l'homme «faisait la terre» aux dépens de la forêt et de ses rideaux d'arbres qui peuplaient l'immensité depuis le retrait du glacier il y a onze mille ans. Depuis le front d'eau — qu'on appela

Le printemps éclate de fleurs dans les vergers de Dunham.

rang: la voie de terre a commencé à prendre de l'importance. À l'extrémité du trécarré (ou trait carré, les deux graphies se retrouvant dans les textes) des lots de rivière, fut aménagé un chemin parallèle à la voie d'eau initiale ou, du moins, au droit des premiers lots. Plus tard, au début du XVIIIe siècle, le transport terrestre accrut encore son empire et les maisons migrèrent des fronteaux vers le rang à l'arrière, qui pouvait être simple ou double. Entre eux, les rangs étaient reliés par des chemins alignés dans le sens des lots, appelés descentes, montées ou routes tout simplement. À la rencontre de deux cadastres, de deux paroisses, ils pouvaient devenir chemins de ligne. Et, quand se rencontraient chemins de rang et montées, on parlait des quatre-chemins.

Dans un pays et une société qui a fait vivre un ministère de la Colonisation jusqu'à tard au XXe siècle, le rang s'est transformé en structure sociale, en système. Sa présence vit toujours. Son évolution, sa toponymie, son universalité l'illustrent: le rang est une émanation de l'âme d'un pays et de ses gens. De l'originalité et de l'unicité, de la difficulté et de la précarité de l'établissement humain en cette portion du monde.

plus tard le fronteau — les gens défrichaient, abattaient, essouchaient, cultivaient; depuis le fronteau et même, sur le fleuve, depuis les battures (ou platins, barachois, margoulis, baissières), ils établissaient en succession maison, bâtiments de ferme et potager; puis, se succédaient jusqu'aux boisés faits de «bois debout», les champs cultivés, les prés et pacages plus ou moins nettoyés des souches et racines.

Un jour, sous le poids de la pression démographique, les devantures furent saturées, toutes les côtes et rives occupées. Est alors apparu le deuxième

Aux Éboulements sur les hauteurs de Charlevoix, un tracteur presque évanoui dans la condensation du fumier chaud étendu sur le sol.

Soupe de potiron aux gourganes et aux moules

30 ml (2 c. à soupe) de beurre

500 g (1 lb) de potiron pelé et coupé en cubes

375 ml (1 ½ tasse) de gourganes

2 gousses d'ail écrasées

750 ml (3 tasses) de lait

18 moules

125 ml (½ tasse) de vin blanc

1 échalote émincée

feuilles de cerfeuil

sel et poivre du moulin

❖ Dans une casserole, faire fondre le beurre et y ajouter le potiron et les gourganes. Couvrir et faire étuver quelques minutes à feu doux. Mouiller avec 350 ml (1 ½ tasse) d'eau bouillante, ajouter l'ail écrasé et poursuivre la cuisson 20 minutes. Réserver 125 ml (½ tasse) de gourganes et passer le reste de la cuisson au mélangeur. Remettre la soupe sur le feu, verser le lait bouillant, saler et poivrer. Porter à ébullition et laisser mijoter doucement une dizaine de minutes.

❖ Mettre les moules dans une casserole avec le vin blanc et l'échalote. Couvrir et faire ouvrir les moules à feu vif pendant 4 à 5 minutes. Égoutter les moules, filtrer le jus de cuisson et le verser dans la soupe. Décortiquer les moules. Partager les gourganes pelées et les moules dans des assiettes creuses et servir la soupe très chaude. Parsemer de feuilles de cerfeuil.

Pour 6 personnes.

Potage à la betterave parfumé au cumin

1 oignon haché

1 betterave de 225 g (8 oz) crue et coupée en morceaux

2 gousses d'ail écrasées

15 ml (1 c. à soupe) d'huile végétale

5 ml (1 c. à thé) de cumin

1 pincée de cannelle

250 g (½ lb) de tomates pelées et coupées en quatre

300 ml (1 ¼ tasse) de jus de tomate

15 ml (1 c. à soupe) de pâte de tomates

625 ml (2 ½ tasses) de bouillon de légumes

15 ml de sauce soya

crème sûre (ou yogourt)

ciboulette

❖ Faire suer l'oignon, la betterave et l'ail 5 minutes dans l'huile. Ajouter le cumin et la cannelle et poursuivre la cuisson quelques minutes. Incorporer les tomates, le jus, la pâte de tomates et le bouillon. Couvrir et laisser mijoter 45 minutes ou jusqu'à ce que les légumes soient tendres. Réduire en purée au mélangeur. Ajouter la sauce soya et rectifier l'assaisonnement. Garnir de crème sûre et de ciboulette.

Pour 6 personnes.

Potage aux fèves blanches et à la bette à carde

250 ml (1 tasse) de fèves blanches

45 ml (3 c. à soupe) d'huile végétale

2 gros oignons coupés en morceaux

2 carottes moyennes coupées en morceaux

250 g (½ lb) de bettes à carde, les tiges et les feuilles finement coupées

750 ml (3 tasses) de bouillon léger

3 gousses d'ail émincées

1 feuille de laurier

60 ml (4 c. à soupe) de persil haché

60 ml (4 c. à soupe) de parmesan râpé

sel et poivre du moulin

❖ Faire tremper les fèves toute une nuit dans 500 ml (2 tasses) d'eau. Égoutter et réserver 500 ml (2 tasses) d'eau. (Ajouter de l'eau s'il reste moins de 500 ml.) Dans une casserole, faire chauffer l'huile et cuire doucement les oignons. Ajouter les carottes et cuire encore 3 minutes. Réserver 125 ml (½ tasse) de feuilles, incorporer le reste des bettes et des feuilles et cuire 3 minutes. Ajouter le bouillon, les fèves, les 500 ml d'eau de trempage, l'ail et la feuille de laurier. Couvrir partiellement et cuire à feu doux pendant environ 45 minutes ou jusqu'à ce que les fèves soient tendres. Retirer la feuille de laurier et rectifier l'assaisonnement.

❖ Cuire à la vapeur le reste des feuilles de bette et rafraîchir. Passer le potage au mélangeur, saler et poivrer. Verser dans les bols et garnir de feuilles de bette, de persil et de parmesan.

Pour 6 personnes.

*En haut, le potage aux fèves blanches
et à la bette à carde;
au centre, la soupe de potiron aux
gourganes et aux moules;
en bas, le potage à la betterave
parfumé au cumin*

Les saveurs des régions

ABITIBI-TÉMISCAMINGUE

Un empire de forêts percé de campagnes vallonnées: peu de gens connaissent le Témiscamingue. Ça se comprend; pour y arriver, il faut traverser l'Abitibi ou encore, après Hull et le Pontiac, faire un détour par North Bay et l'Ontario, avant d'atteindre Témiscaming. Mais le camping, la pêche, la vie en nature ou sur la ferme en valent le coup.

Au sud du lac Abitibi, grand et toujours venteux, à Saint-Laurent-de-Gallichan, Palmarolle, Rapide-Danseur, l'Abitibi se fait rurale et ressemble au Témiscamingue. C'est à l'est que vit l'espace minier, autour d'Amos, Rouyn-Noranda, Val-d'Or. Au Village minier de Bourlamarque, 80 maisons de bois rond rappellent le temps de la ruée vers l'or,

Ci-contre: tout autour d'une route gaspésienne, une mer d'épinettes de la forêt boréale dressées contre la paroi du mont Albert.
Ci-dessous: cétacé vivant dans les mers froides, le petit rorqual vient chaque année en grand nombre à l'embouchure du Saguenay, là où abonde le phytoplancton.

alors qu'on voyait en ce pays un autre Eldorado. Pour sa part, le Musée régional des mines de Malarctic présente des maquettes et une vaste collection de minéraux; il offre même une descente simulée dans les entrailles de la terre.

Au nord, s'ouvre le nouveau pays avec la route de Matagami et Radisson qui conduit, à travers des centaines de kilomètres de forêt boréale, aux grands aménagements hydroélectriques du bassin de La Grande rivière. À vrai dire, tout l'Abitibi-Témiscamingue, colonisé, développé depuis à peine un siècle, a gardé une saveur de sauvagerie. Un côté épique, si on s'en fie au roman *Harricana* de Bernard Clavel. Sans compter les tentations de ses gras légumes, de ses poissons de rivière, mousses et caviars...

BAS-SAINT-LAURENT ET GASPÉSIE

Le Bas-Saint-Laurent et la Gaspésie forment un long bras musclé qui avance dans l'Atlantique où naissent les Appalaches comme pour accueillir le

Une maison de ferme, sur le chemin de Rivière-Malbaie, alors que le printemps esquisse ses feuilles.

fleuve. Toute la vie est marquée de ce contact avec le milieu marin, depuis la pêche à la fascine sur la côte de Kamouraska jusqu'aux falaises de l'extrémité du parc de Forillon, par-delà Cap-des-Rosiers.

C'est un pays de secrets bien gardés. Qui, des milliers de visiteurs de la péninsule, est allé vers l'intérieur arpenter les montagnes des Chics-Chocs et observer le troupeau de caribous qui en fréquente les hauteurs? Qui est allé, à Pohénégamook, fêter avec les gens du cru la possible existence de Ponik, monstre qui habiterait les profondeurs du lac? Qui est parti en bateau pour une excursion de quelques heures dans la baie de Gaspé, assurément l'une des plus belles de tout ce continent?

Petit à petit, ce Québec se redécouvre. La thalassothérapie, du côté de Carleton et de Paspébiac, a maintenant ses fidèles, tout comme les bains d'algues et de boue à Notre-Dame-du-Portage. Les voyageurs ont appris à s'attarder dans la vallée de la Matapédia, et les mieux informés ont trouvé le chemin des chutes Sainte-Philomène et des hauteurs des plateaux environnants.

Quand ils vont par ce pays, ils arrêtent à Percé, bien sûr, mais, de plus en plus, au parc de Miguasha dans la baie des Chaleurs pour observer des fossiles des presque origines de la Terre. Ils font halte en des villages de pêcheurs, aux quais et aux fumoirs et devant les vigneaux où sèchent les poissons. Ils s'attardent aussi en ces fermes qui affichent «pratiquer une agriculture à l'air salin» pour les agneaux de lait, les yogourts et fromages de chèvre, les confitures et *tutti frutti*.

Charlevoix

Au pays de Charlevoix, le ciel et la mer se marient, avec les montagnes comme témoins. Les noces durent depuis des temps sans mesure. Les oiseaux s'en souviennent, qui piaillent et virevoltent là-haut près des nuages, tout comme les baleines qui dansent et soufflent sur ses côtes jusqu'à la mi-octobre.

Charlevoix a en mémoire ses goélettes, ses voitures d'eau, qui roulaient sur la houle et les embruns; on en voit encore, ruinées, qui meurent sur les grèves ou d'autres, retapées, au Centre d'interprétation de Saint-Joseph-de-la-Rive. Ici, où que porte le regard, ce sont anses et caps, villages sur les pentes ou à l'abri des baies: harmonie de formes et d'espaces, comme le savent si bien les peintres de toutes tendances qui viennent y planter leurs chevalets.

Charlevoix écoute des concerts au Domaine Forget, regarde les toiles exposées au Centre d'art de Baie-Saint-Paul et dans les galeries qui fleurissent partout. Il part à la découverte des parcs du Saguenay et des Hautes-Gorges de la Malbaie, hume les effluves qui montent du Saint-Laurent et qui s'arrêtent, plus longtemps, de part en part de l'île aux Coudres.

Charlevoix est unique et polymorphe. Il peut prendre les traits de *talles* de fraises sauvages en juillet, de lacs retirés dans l'arrière-pays où la ligne taquine la truite, du gruyère de la fromagerie Saint-Fidèle, de ses gourganes qui font d'onctueux potages, de toutes ses auberges qui rivalisent d'inventions culinaires et de bonnes tables.

AUBERGINES AUX FINES HERBES

2 aubergines tranchées

GARNITURE

125 ml (½ tasse) de persil ciselé

2 échalotes finement ciselées

2 gousses d'ail émincées

30 ml (2 c. à soupe) de basilic

75 ml (5 c. à soupe) d'huile d'olive

30 ml (2 c. à soupe) de parmesan fraîchement râpé

sel et poivre du moulin

❖ Préchauffer le four à 350°F. Placer les tranches d'aubergines sur une plaque beurrée et piquer avec une fourchette. Mélanger tous les ingrédients de la garniture afin d'obtenir une pâte. En tartiner les tranches d'aubergines et cuire au four pendant 30 minutes ou jusqu'à ce que les aubergines soient tendres et légèrement dorées.

POUR 6 PERSONNES.

NAVETS GLACÉS AU SIROP D'ÉRABLE

750 g (1 ½ lb) de navets rabioles

45 ml (3 c. à soupe) de beurre doux

250 ml (1 tasse) de bouillon de volaille léger

5 ml (1 c. à thé) de vinaigre de vin blanc

15 ml (1 c. à soupe) de sirop d'érable

persil ciselé

sel et poivre

❖ Peler les navets et les détailler en billes à l'aide d'une cuillère parisienne. Cuire doucement dans 30 ml de beurre pendant 5 minutes. Mouiller avec le bouillon et le vinaigre et cuire encore 5 minutes. Égoutter et conserver 45 ml de jus de cuisson. Verser ce jus dans une casserole avec le sirop d'érable et le reste du beurre et compléter la cuisson jusqu'à ce que les navets soient fondants. Garnir de persil.

POUR 4 PERSONNES.

À gauche, les aubergines aux fines herbes;
à droite, les navets glacés au sirop d'érable

Pages précédentes: la pluie de l'orage évapore Dunham et ses paysages.

Quelques oies blanches survolant le cap Tourmente.

Chaudière-Appalaches

Les Beaucerons n'ont pas besoin de présentation, ils ont une réputation. On les sait travaillants, entreprenants, fiers et solidaires. Ils ont tout fait: bûché la forêt, entaillé les érables, fait de la contrebande au-delà des «lignes américaines» toutes proches; subi, à chaque dégel, les assauts débordants de la Chaudière qui semble bouillir comme une marmite sous sa gangue de glace.

À l'entrée de la région, s'étend le fleuve, sur toute la côte de Lotbinière qui le surplombe de ses falaises, et la Côte-du-Sud, vers Montmagny et ses îles, L'Islet-sur-Mer et Saint-Roch-des-Aulnaies. À l'intérieur, se déploie un pays de terres, de montagnes et de rivières; ailleurs, c'est un pays de mer qui invite à prendre le large. Le Musée maritime Bernier, en l'honneur de ce capitaine qui traversa maintes fois l'Atlantique et navigua l'océan Arctique, permet de mieux connaître ces capitaines et pilotes qui ont vécu du fleuve et sur le fleuve — qu'ils appellent avec raison la mer.

Il y a d'autres plaisirs. Découvrir les micro-climats qui autorisent çà et là, comme à Saint-Eugène, la culture de la vigne et des petits fruits. Aller tout au fond de l'Etchemin dans les plis profonds des Appalaches, jusqu'aux longues, longues côtes de La Guadeloupe (au Québec, mais oui!). Et apprendre comment on vit en ces paroisses à l'Écomusée de la Haute-Beauce à Saint-Évariste-de-Forsyth.

La visite de l'île aux Grues et de la Grosse Île en sont d'autres. La seconde fut un temps l'île de la Quarantaine, pour les immigrés d'abord (des milliers d'Irlandais y sont morts au siècle dernier), pour les animaux ensuite. La première est fréquentée par les oies des neiges au printemps et à l'automne, et par les gens qui cherchent des restes de tranquillité en toutes saisons. Et son fromage est bon.

COEUR-DU-QUÉBEC

Les Amérindiens l'avaient nommé le Pays du Milieu et son artère principale, la Métabéroutine. C'est maintenant le Coeur-du-Québec, des Bois-Francs au sud du Saint-Laurent jusqu'à l'orée du Lac-Saint-Jean en Haute-Mauricie. La Métabéroutine a enfanté le Saint-Maurice qui charrie encore ses radeaux de billots. Entre Grand-Mère et La Tuque, cette puissante rivière où s'aventurent encore des canoteurs découpe, raides, les flancs de montagnes et sculpte, avec la route qui s'y colle, l'un des plus beaux circuits de tout le Québec.

Ah! humer le fumet d'une truite ou d'un doré qui rissole dans sa poêle quand la brise du soir éparpille dans le silence les parfums des pinèdes et des cédrières. Depuis longtemps, très longtemps, les chasseurs et pêcheurs qui fréquentent ses arrières giboyeux connaissent ce plaisir.

D'autres aiment plutôt marcher en forêt, pagayer sur une eau calme, à peine frissonnante à l'envol d'une couvée de canards, pique-niquer en nature, retourner fidèlement chaque été au parc de la Mauricie et dans les réserves fauniques de Mistigouche et de Saint-Maurice. Ou même, fascinés par la technique et les gros oeuvres, visiter les usines de pâtes et papiers, les centrales hydroélectriques de Shawinigan et de La Tuque ou celle, nucléaire, de Gentilly.

Et ce n'est pas loin: au coeur du Québec!

DUPLESSIS

Impressionné par tant de rudesse, Cartier nomma cette côte Terre de Caïn. Chaque pierre, chaque arbre ou arbrisseau, bout d'herbe et plaque de mousse semble porter les traces d'une interminable bataille. Et le vent gémit. Et le froid est si souvent présent.

À la fin du siècle dernier, un Belge subit le coup de foudre pour ce littoral difficile. Johan Betz fut artiste-peintre, naturaliste, homme de fourrures, collectionneur, entrepreneur. En un mot, passionné par ce pays qui fut toute sa vie. Il y bâtit, entre Natashquan et Havre-Saint-Pierre, une belle et grande demeure, aujourd'hui musée et témoignage ouverts aux visiteurs.

Cette Basse-Côte-Nord, si loin, si loin, a vu naître celui qui sera peut-être considéré comme le plus grand poète du Québec. Vigneault a empli son imaginaire d'épinettes et de bouleaux, de rivières prêtes pour la mort de Jack Monoloy, de sarcelles et de vent

Un pêcheur de maquereau gaspésien évide ses poissons, poursuivant son adroit et patient travail.

Morue fraîche aux câpres et aux olives noires

4 portions de filets de morue

45 ml (3 c. à soupe) d'huile d'olive

125 ml (½ tasse) de beurre doux

jus de ½ citron

200 ml (¾ tasse) de petites olives marinées

30 ml (2 c. à soupe) de câpres rincées

30 ml (2 c. à soupe) de persil haché

125 ml (½ tasse) de concassé de tomate*

sel et poivre du moulin

❖ Retirer les arêtes de la morue, saler et poivrer. Dorer les filets de morue dans l'huile chaude, 3 à 4 minutes de chaque côté. Réserver au chaud.

❖ Chauffer le beurre dans une sauteuse jusqu'à ce qu'il soit de couleur noisette et arroser de jus de citron pour arrêter la cuisson. Incorporer les olives, les câpres, le persil haché, le sel et le poivre. Réchauffer. Déposer la morue sur le concassé de tomate, l'arroser de beurre de noisette et garnir avec les câpres et les olives.

POUR 4 PERSONNES.

* VOIR GLOSSAIRE

La morue fraîche aux câpres et aux olives noires

Les pétoncles grillés sur lit de courgettes, sauce au beurre de capucine

PÉTONCLES GRILLÉS, SAUCE AU BEURRE DE CAPUCINE

2 courgettes vertes

2 courgettes jaunes

15 ml (1 c. à soupe) de beurre doux

20 gros pétoncles

basilic ciselé

15 ml (1 c. à soupe) d'huile végétale

sel et poivre du moulin

SAUCE

1 citron

1 lime

2 g (1 c. à café) de sucre

15 ml (1 c. à soupe) d'eau

15 ml (1 c. à soupe) d'eau de fleurs d'oranger

12 fleurs de capucine

150 ml (⅔ tasse) de beurre

sel et poivre du moulin

❖ Canneler les courgettes, couper en rondelles de ¼ cm et les blanchir dans l'eau salée additionnée d'une noix de beurre. Saler et poivrer. Égoutter et rafraîchir.

❖ SAUCE: Presser le jus du citron et de la lime dans une casserole et cuire doucement avec le sucre pendant 3 à 4 minutes. Ajouter l'eau, l'eau de fleurs d'oranger et les pétales de 8 fleurs. Faire bouillir quelque peu. Incorporer le beurre petit à petit en remuant constamment. Faire mousser la sauce au mélangeur.

❖ Dans une poêle en téflon bien chaude, griller rapidement les pétoncles pendant 1 à 2 minutes. Superposer 2 rangées de courgettes au centre des assiettes et parsemer de basilic. Déposer les pétoncles tout autour. Servir avec la sauce au beurre de capucine. Frire le reste des pétales quelques instants dans l'huile chaude et en décorer les plats.

POUR 4 PERSONNES.

du large, de personnages longtemps ignorés de la plaine du Saint-Laurent et qui ne mourront plus jamais: Jean-du-Sud, Caillou-la-Pierre, John Débardeur. Comme les déserts, les montagnes, les littoraux des mers houleuses, cette côte est une terre universelle.

Elle n'en finit plus: de Pointe-aux-Anglais entre Godbout et Port-Cartier, elle étend jusqu'à la frontière du Labrador mille kilomètres de havres, de baies, d'îles, de caps. Riche en contrastes aussi: à l'ouest, Port-Cartier et Sept-Îles vivent de l'industrie minière et des activités portuaires alors qu'à l'est s'éparpillent des villages, de pêcheurs pour la plupart. Leurs noms, Kégaska, La Romaine, Chevery, Tête-à-la-Baleine, La Tabatière, Rivière-Saint-Paul, Baie-des-Moutons, Saint-Augustin, Vieux-Fort, Lourdes-de-Blanc-Sablon, sont déjà des univers...

La route arrête à Havre-Saint-Pierre. Après, il faut prendre l'avion qui fait des sauts de puce d'un village à l'autre. Ou le bateau, du début avril à la mi-janvier, une expérience qui vaut son pesant d'or. Là-bas, sur la Côte, isolés et soudés, vivent des francophones, des anglophones, des Indiens, quelques Inuit. Les icebergs y flottent au large jusqu'en juin. Il n'y a ni vaches, ni érables, ni tout ce qui fait le décor ordinaire des Québécois, mais du saumon, des crevettes, du crabe des neiges, du loup-marin. Devant, il y a le détroit de Jacques-Cartier et l'île d'Anticosti. L'Anticoste des marins, avec ses récifs pervers et dan-gereux, qui garde l'entrée du Saint-Laurent. Ses côtes et ses forêts en ont vu passer des navires, des petits, des gros. Et souvent entendu de déchirants craquements de naufrages. Bien des pays n'ont pas la taille de cette longue île presque inhabitée. Henri Menier, chocolatier français, l'acheta à la fin du XIXe siècle et en fit son domaine privé. Il y introduisit de nombreuses espèces animales, dont le cerf de Virginie qui fascine les chasseurs de tout le continent. À Baie-Sainte-Claire et Port-Menier, quelques maisons, un four à chaux, un musée témoignent de cette époque. De ce rêve.

Quelque part, Caïn devait ressembler à Abel...

ESTRIE

Les «Cantons-de-l'Est» sont décidément différents: ils parlent à ponts couverts. Sur leurs bois vénérables, sont gravés des confidences, des mots d'amour de jeunes filles devenues grands-mères. Toujours à l'écart, au détour de chemins qui semblent oubliés, ces ouvrages d'un autre âge poussent certains à casser la croûte dans la quiétude de leur voisinage, à croquer la scène au bout d'une lentille ou à la pointe d'un fusain; en incitent d'autres à être, eux aussi, amoureux.

Dans les Eastern Townships, comme on disait au début, vinrent s'établir les Loyalistes, ces Améri-

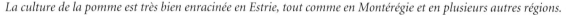

La culture de la pomme est très bien enracinée en Estrie, tout comme en Montérégie et en plusieurs autres régions.

Havre-aux-Maisons aux îles de la Madeleine, juste avant l'aube.

cains fidèles à la Couronne britannique. Leur legs, malgré les ans, malgré les transformations sociales, est resté présent derrière Sutton et Abercorn, sur les abords abrupts du lac Memphrémagog, le long de la rue Principale à Coaticook. Granges rondes, maisons de bois derrière leurs grands arbres qui évoquent la Nouvelle-Angleterre, ces paysages n'ont pas leur pareil ailleurs au Québec.

Dans l'Estrie, il est un circuit fort prisé, celui des antiquaires, de Bromont à Sherbrooke et North Hatley, qui puise à ces sources particulières. Il en est un autre, celui des vignobles, autour de Dunham notamment, où l'on peut marcher les allées de ceps, déguster une cuvée au soleil. Où le goût peut prendre, comme ça, de s'épivarder vers les champs de miel et de fraises qui deviennent eux aussi, par les bons soins de talentueux artisans, autant d'hydromels et de nectars.

On sort d'une visite de l'Estrie à la fois rassasié et sur sa faim: rassasié d'avoir vu et goûté tant de belles et bonnes choses; sur sa faim, car vit chaque fois le désir d'en voir et d'en goûter davantage.

ÎLES DE LA MADELEINE

Les îles de la Madeleine ont leurs inconditionnels. Qui y reviennent d'été en été, entre amis ou en famille. À Havre-Aubert, une boutique vend des sachets hermétiquement scellés contenant des *graines de plage*; les instructions à l'endos disent qu'il suffit d'en semer chez soi pour que s'y reproduisent les îles...

Les îles mixent sable et plages à perte de vue, sans âme qui vive si on veut. Et, en juillet et août, une eau plus chaude que sur la côte du Maine. Elles érigent des falaises rouges que la mer grignote, vague après vague. Sur le haut des buttes rondes de Havre-aux-Maisons, de l'île d'Entrée, des vaches sûrement un peu poètes vont brouter à la fin du jour. Peut-être y admirent-elles les triangles de vives couleurs qui virent au rythme des coups de reins des véliplanchistes. Faudrait leur demander.

Pages suivantes: un torrent, comme des centaines d'autres, descend en cascades dans le parc de la Gaspésie.

Suprême de faisan, sauce épicée aux arachides

MARINADE

1 gousse d'ail aplatie

1 échalote émincée

5 ml (1 c. à thé) de moutarde sèche

60 ml (4 c. à soupe) de vin rouge

10 ml (2 c. à thé) de thym frais

zeste de 1 citron

poivre mignonnette

1 feuille de laurier

4 suprêmes de faisan

Le suprême de faisan,
sauce épicée aux arachides

SAUCE

60 ml (4 c. à soupe) d'arachides broyées

30 ml (2 c. à soupe) de sauce soya

2 gousses d'ail émincées

125 ml (½ tasse) de bouillon de volaille

15 ml (1 c. à soupe) de miel

1 piment fort haché

15 ml (1 c. à soupe) de coriandre fraîche

30 ml (2 c. à soupe) de jus de citron

❖ Mélanger tous les ingrédients de la marinade. Retirer la peau des suprêmes et les déposer dans un plat avec la marinade. Réfrigérer 4 heures en retournant les suprêmes de temps en temps.

❖ Mélanger tous les ingrédients de la sauce dans un bol. Retirer les suprêmes de la marinade et les cuire dans une poêle très chaude 5 à 6 minutes de chaque côté. Pendant ce temps, réchauffer la sauce. Servir les suprêmes nappés d'une cuillerée de sauce.

POUR 4 PERSONNES.

Hôte d'un parc très populaire, le mont Tremblant accueille des milliers de skieurs en hiver et d'amateurs de nature en toutes saisons.

Là-bas, les maisons vertes, lilas ou blanches, semblent avoir été déposées dans les champs au gré du vent. Infatigable, il couche les grandes herbes, les ammophiles et les foins de mer, ébouriffe les cheveux et porte partout l'odeur et le bruit de la mer. Les déjeuners sur l'herbe y sont uniques. Tout comme les longues marches sur les grèves au bord des lagunes, pour la cueillette des coques, les pieds dans un mince filet d'eau.

Les matins qui lèvent dans la rosée invitent à la pêche à l'éperlan au bout des quais. Ou aux excursions en mer avec les pêcheurs — qui affirment, sans fausse modestie, que les homards des îles à la chair délicate sont meilleurs, parce qu'ils ont grandi sur des fonds rocheux.

Imaginer des chaudrées de palourdes, des pots-en-pots qui changent de goût d'une île à l'autre, de la plie fraîchement pêchée, des oeufs de maquereau qui valent bien des caviars.

Imaginer des îles gourmandes...

LAURENTIDES, LANAUDIÈRE ET LAVAL

Le plus étonnant, dans Lanaudière et les Laurentides, en ces régions si intimement pénétrées par la métropole toute proche, est de découvrir des signes fort vivants d'une riche activité rurale: pommes et fruits frais dans les collines d'Oka, charcuterie à Montfort et Saint-Alphonse-Rodriguez, canards à Saint-Canut, sangliers du côté de Mont-Laurier, terrines et saucisses à Crabtree, laitues de serres à Mirabel, fromages de chèvre et chocolats ici et là.

Laurentides et Lanaudière sont comme des jumelles non identiques. Accrochées au rebord du vieux Bouclier, elles partagent ces montagnes varlopées et rondes, ces centaines de lacs dans tous les creux picotés de plages et d'îlots, des rivières vives et attirantes. Elles sont toutes deux le terrain de jeu des Montréalais, de tous ceux et celles qui s'y rendent.

Les Laurentides s'identifient au paresseux serpent de la vallée de la rivière du Nord. De Piedmont et Saint-Sauveur-des-Monts jusqu'à Sainte-Agathe et Saint-Jovite, se succèdent grands hôtels de villégiature et restaurants, auberges et galeries d'art, antiquaires, ateliers d'artisans et chalets à louer. Baignade, planche à voile, canotage, marche en forêt, camping et solitude dans le parc du Mont-Tremblant (car, selon la légende indienne, la montagne, plus haute que les autres, à 950 mètres, vibrait vraiment...). Tout est à portée de la main — et du pied.

Une chouette rayée sur sa branche, rare spectacle par une fin d'après-midi.

Plus réservée, Lanaudière, dans la plaine et le piedmont, possède des charmes tout aussi épanouis. Ses rivières cisaillent la roche-mère, prenant parfois leur souffle, telle l'Assomption au lieu-dit Les Dalles à Sainte-Béatrix, autour de grandes pierres plates où les estivants viennent s'enduire de soleil. À Joliette et ses environs, le Festival international de musique rythme les jours d'été pendant que le village Canadiana de Rawdon rejoint les origines cosmopolites de ce coin de pays et semble rester en dehors du temps.

Aux portes des Laurentides et de Lanaudière, Laval étend son île, comme un pont entre l'archipel de Montréal et ce vaste pays de montagnes qui prend corps au nord. Elle fut naguère l'île Jésus, riche de ses terres agricoles. Sur les bords de la rivière des Prairies et de la rivière des Mille-Îles, la villégiature fit d'abord sa percée pour les citadins qui cherchaient

un autre air. Puis, les citadins restèrent, déployant sur l'île un paysage urbain de plus en plus vorace. Mais il y reste encore quelques agriculteurs du côté de Sainte-Rose, de Saint-François, qui proposent toujours en saison leurs légumes frais aux randonneurs qui passent.

MANICOUAGAN

La Côte-Nord, celle qui va de l'embouchure du Saguenay aux Îlets-Caribou à 300 kilomètres plus à l'est, est un pays neuf, développé depuis 50 ans à peine avec la venue de grandes papetières et des alumineries puis, dans les années cinquante, par la mise en chantier des grands complexes hydroélectriques de la Bersimis et de Manic-Outardes. Un pays neuf et prospère, mais rugueux, au climat exigeant.

Un pays neuf, habité sur une fine bande littorale, gorgé de bois et de forêts, labouré de puissantes rivières qui portent leurs eaux au golfe du Saint-Laurent. Un pays de lacs, de poissons et de gibier, de zecs et de pourvoiries; un pays de longues heures à marcher dans les bois sans rien entendre d'autre que le vent, de lignes à lancer en sachant que ça va mordre. Un pays de nature: à Ragueneau, des phoques prennent le soleil sur les îles rocheuses; à Pointe-aux-Outardes, à Saint-Paul-du-Nord, des marais salés rassemblent les oiseaux par centaines et par milliers.

Chaque été, des milliers de voyageurs y visitent l'aluminerie de Baie-Comeau, des scieries et les centrales de la Manic, louent des hydravions pour des envolées au-dessus du fleuve et du fjord, au-delà les centaines de lacs et la forêt infinie, jusqu'à l'immense loupe du réservoir Manicouagan que retient un vertigineux barrage.

Un pays qui a de l'âge aussi. Les Amérindiens y sont depuis des millénaires. Reconnu par Jacques Cartier et Champlain, premier poste de traite de fourrures du Canada dès le tout début du XVIIe siècle, Tadoussac a de la lignée: le poste de traite Chauvin, réplique de celui construit en 1600, l'hôtel Tadoussac, la vieille chapelle où les Jésuites ont célébré une première messe le 16 mai 1547. Et, à Pointe-des-Monts, l'un des plus vieux phares d'Amérique, érigé en 1830, restauré et classé monument historique. Tout autour, les siècles semblent avoir passé, intacts. Et, depuis des générations et des temps qui dépassent la mémoire, les grandes baleines viennent encore, le soir, livrer leur grand ballet près de la rive...

MONTÉRÉGIE

Montérégie, Montérégiennes, mont Royal, voilà pour l'origine du nom. Les Montérégiennes, ces collines solitaires, sont — il faut le savoir — des monadnocks, intrusions volcaniques solidifiées sous la croûte terrestre avant d'avoir été dégagées par les cycles d'érosion.

Au-dessus du tapis d'automne, des arbres dépouillés convergent vers la voûte de lumière.

Leurs dos ronds balisent la plaine de Montréal: des vergers aux fruits tentateurs en occupent les versants où des routes sinueuses, parsemées de comptoirs de miel, de pommes et d'autres fruits invitent aux lents circuits en auto ou à vélo. Au sommet du mont Saint-Hilaire, dans une forêt presque intouchée, le Centre de conservation de la nature offre des vues imprenables sur les environs.

La Montérégie va des confins de Vaudreuil-Soulanges, depuis Rigaud, jusqu'au Richelieu. Ce cours d'eau stratégique relie le Saint-Laurent aux États-Unis et à la côte Atlantique, au-delà du lac Champlain. Il raconte des histoires: celle des combats et des batailles au blockhaus de Lacolle et aux forts de Chambly et de Saint-Paul-de-l'Île-aux-Noix, celle de la navigation aux écluses de Saint-Ours, celle de la révolte de 1837 à la Maison nationale des Patriotes à Saint-Denis.

On suit la rivière en longeant ses rives ou en faisant des croisières sur ses eaux, jusque dans les îles de Sorel et au chenal du Moine. On peut même la survoler en aérostat, quand des dizaines de ballons de toutes les couleurs prennent les airs en août lors du Festival de montgolfières à Saint-Jean-sur-Richelieu.

À l'est, vers Huntingdon, Ormstown et Saint-Antoine-Abbé, s'étale un pays qui se souvient de son passé loyaliste: chemins retirés et ombragés, vieux cimetières enfouis sous la mousse de l'âge, paisibles chapelles protestantes. S'y succèdent des vergers et des fermes d'élevage de faisans, d'oies, de canards, de pintades, des terres maraîchères, des *tables champêtres* et des vignobles aussi: l'oeil y devient vite alléché...

OUTAOUAIS

La région de l'Outaouais comprend quatre comtés: Hull, Papineau et Gatineau, agricoles et forestiers, coupés de rivières, telles la Petite-Nation, la Lièvre, la Blanche, qui descendent en éclaboussures du massif laurentien; tavelés de lacs, ils sont faits, dirait-on, pour la baignade et les plaisirs de l'eau, la raquette et le ski de fond sur la neige épaisse en hiver. Enfin, il y a le Pontiac tout à fait à l'ouest, couvert de forêts, majoritairement anglophone, tourné vers l'Ontario tout proche, et absolument ignoré du reste du Québec: y voyager dépayse.

Les cyclistes apprécient bien le circuit de la route 148 qui égrène Thurso, Fasset, Papineauville, salue une riante campagne, joue à cache-cache avec le grand cours d'eau qu'empruntaient autrefois Radisson et tous les coureurs de bois. Par là, une paroisse pouvait autrefois se vanter de posséder le plus long toponyme québécois, Coeur-très-Pur-de-la-Bienheureuse-Vierge-Marie-de-Plaisance; la réserve faunique de Plaisance et le manoir Louis-Joseph Papineau, demeure du chef de la Rébellion de 1837, inclinent, pour des raisons fort différentes, à la rêverie.

Aller dans l'Outaouais, c'est prendre le chemin de la nature, celui des chutes de la Coulonge, de la réserve faunique de Papineau-Labelle via Notre-Dame-de-la-Salette et Val-des-Bois, du centre éducatif forestier de l'Outaouais. Le parc de la Gatineau, avec ses pistes cyclables, ses plages, ses campings, commence, quant à lui, aux portes de Hull.

SAGUENAY— LAC-SAINT-JEAN

On apprend, un jour, à distinguer le Saguenay du Lac-Saint-Jean. Et vice versa. Un Jeannois n'est pas un Saguenéen. Et vice versa.

Par quoi commencer? Par le Saguenay? Pourquoi pas? Des bateaux baladent, quelques heures durant, les excursionnistes au creux du fjord vertigi-

neux, buriné par les glaciers et envahi, en son fond, par l'eau de la mer. Devant les caps Trinité et Éternité, on se sent bien peu de chose. Un village, entre autres, Sainte-Rose-du-Nord vaut le détour, ne serait-ce que pour découvrir la légende la Descente des Femmes. Pas très loin, un hameau, quelques maisons, une minuscule chapelle toute simple, a pris assise sur un balcon devant une gigantesque ardoise sur la paroi d'en face: c'est Saint-Basile-de-Tableau.

Le lac Saint-Jean, lui, est comme un oeil toujours grand ouvert. Tous les chemins y mènent et tout le monde, un jour ou l'autre, en fait le tour. Avec jalons, des arrêts quasi obligés: le zoo de Saint-Félicien parce qu'il n'a pas son pareil, la maison de Maria Chapdelaine à Péribonka parce que des héroïnes comme ça ne courent pas les rues, les bleuetières de la Pointe-Taillon parce que tout le monde aime les bleuets et que, sans bleuets, que serait le lac?

Et puis, pourquoi ne pas y faire un circuit reliant le fjord et le lac en arrêtant aux tables de ces femmes-chefs du Saguenay et du Lac-Saint-Jean. Souriantes, accueillantes, elles font goûter à des tourtières à la façon du pays et à bien d'autres plats de leur invention. Et leurs maisons ont de si jolis noms...

À la confluence du Saguenay et du Saint-Laurent à Baie-Sainte-Catherine, l'oeil du soleil se referme derrière les paupières rougies du jour fatigué.

La truite à la nage de citronnelle et lamelles d'ail frites

TRUITE SAINT-MATHIEU À LA NAGE DE CITRONNELLE ET AUX LAMELLES D'AIL FRITES

1 tête d'ail

huile végétale

4 filets de truite Saint-Mathieu

1 bouquet de basilic

NAGE

500 ml (2 tasses) d'eau

125 ml (½ tasse) de vin blanc

2 tiges de citronnelle émincées

3 échalotes ciselées

1 carotte cannelée et coupée en rondelles

2 gousses d'ail en chemise

2 brins de coriandre fraîche

sel et poivre en grains

❖ NAGE: Verser dans une casserole l'eau, le vin blanc, la citronnelle, les échalotes, la carotte, les gousses d'ail, le sel et les grains de poivre. Porter à ébullition et laisser mijoter 12 à 15 minutes. Laisser refroidir puis ajouter la coriandre.

❖ Peler la tête d'ail et émincer les gousses en fines lamelles. Dorer dans l'huile quelques minutes et réserver.

❖ Chauffer le four à 350°F et faire pocher les filets de truite dans la nage pendant 5 minutes. Arroser de temps en temps. Réserver les filets de truite au chaud. Faire réduire la nage à feu vif et rectifier l'assaisonnement. Servir les filets avec la nage. Décorer de lamelles d'ail frites et de feuilles de basilic.

POUR 4 PERSONNES.

La capitale et la métropole

Québec

Peut-être la seule phrase historique qu'aient retenue, de la petite école, les Québécois est-elle la réplique du gouverneur Frontenac à l'amiral Phipps qui menaçait Québec et lui intimait de se rendre: «Je vous répondrai par la bouche de mes canons!» On connaît la suite...

Québec est la seule ville fortifiée d'Amérique du Nord. Les Européens eux-mêmes, qui voient tant d'autres vieilles pierres dans leur vie, sont sensibles à ses airs. Ainsi va l'histoire: de tout temps, forteresses et remparts ont été édifiés dans des buts de défense et de manoeuvres militaires. Dans un esprit de guerre et de puissance. Leurs murs épais ont été percés de fentes étroites dont le nom dit tout: des meurtrières. On regarde aujourd'hui ces gueules d'où sortaient feu et mort avec étonnement, presque avec nostalgie et tendresse. Telle est l'humanité.

Dressée sur son cap, Québec garde le resserrement du Saint-Laurent. En d'autres époques, quand les missiles aéroportés n'avaient pas encore remplacé les canonnières des vaisseaux, Québec occupait une position stratégique et commandait la libre circulation des navires, des biens et des personnes sur le fleuve. Et, par conséquent, vers l'Europe et l'intérieur du continent.

C'était un site de choix. Un site convoité. Et donc fortifié.

Québec paraît maintenant bien calme. Si ce n'était des tirs de canons, des bruits de tambour et des talons qui claquent sur les pavés de la Citadelle lors de la relève de la garde du Royal 22e Régiment, on pourrait croire que c'était là une histoire inventée... Construite entre les années 1830 et 1850 selon un plan en étoile caractéristique des fortifications à la Vauban, la forteresse comprend cinq bastions, un mess d'officiers, la résidence du Gouverneur général, la redoute du cap Diamant érigée en 1693, au temps dudit Frontenac. Les visiteurs s'y pressent par milliers chaque année.

Voisines des hauteurs occupées par la Citadelle, les plaines d'Abraham ont vécu en 1759 la mort de Montcalm et de Wolfe, généraux ennemis, généraux glorieux. Mais aussi le sang et la sueur des soldats anglais et français, des miliciens québécois et des guerriers amérindiens qui ont participé à cette bataille où se joua, en de brèves heures, un destin collectif en cette terre d'Amérique. Les fortifications elles-mêmes font dorénavant partie du réseau des parcs historiques de Parcs Canada; on peut y mar-

La rue Saint-Louis, dans le Vieux-Québec accueille chaque année des milliers de touristes.

De la table de Serge Bruyère

TARTARE DE THON ET PÉTONCLES À LA VINAIGRETTE DE CANTALOUP

300 g (10 oz) de thon frais

300 g (10 oz) de pétoncles frais

60 ml (4 c. à table) de mayonnaise

2 échalotes sèches hachées finement

30 ml (2 c. à table) de ciboulette émincée

1 trait de jus de citron

½ cantaloup

300 ml (10 oz) de vinaigrette (huile d'olive et vinaigre balsamique)

sel et poivre

❖ Hacher au couteau les chairs de thon frais et pétoncles. Dans un saladier, mélanger les chairs hachées avec la mayonnaise, les échalotes, la ciboulette et le jus de citron. Saler et poivrer.

❖ Passer le demi-cantaloup au mélangeur. Ajouter la vinaigrette et mélanger quelques minutes. Napper le fond des assiettes de vinaigrette de cantaloup et déposer le tartare en cercle.

POUR 4 PERSONNES.

cher, leur circuit fait cinq kilomètres. Avec les rues étroites et les maisons d'un autre âge, elles forment un ensemble si particulier que l'Unesco a inscrit l'arrondissement historique du Vieux-Québec, correspondant pour l'essentiel à la partie *intra-muros* de la ville, sur la liste du Patrimoine culturel mondial.

Fondamentalement francophone dans un sous-continent anglophone, baignée à ses pieds par un fleuve puissant qui a construit le pays, Québec est un joyau. Un joyau qui a vécu ses épreuves, en commençant par la tranchée de béton et d'asphalte creusée par l'ancien boulevard Saint-Cyrille à côté du complexe G et des autres gratte-ciel de la ville «moderne».

Ce joyau est mal connu. En surface seulement. Une connaissance qui se limite à quelques points de repère. Et souvent les mêmes d'un voyage à l'autre: la rue du Trésor et ses «artistes», les cafés-terrasses de la Grande Allée, le Vieux-Port et la place Royale, le changement de la garde à la Citadelle. Et un ou deux restaurants aimés et retrouvés de visite en visite.

Il y a tant de façons de voir et de découvrir Québec sous un angle différent. D'en avoir une connaissance plus intime et de pressentir son âme. L'une est de se promener dans ses quartiers résidentiels; une autre est de faire, au soleil couchant, l'aller-retour sur le traversier qui va à Lévis et d'admirer la vieille ville et son cap en une contre-plongée éblouissante; une troisième est de se mêler à la foule — deux millions de personnes chaque été — pour participer, en juillet, à son festival d'été: artistes sur scène et spectacles dans les rues, parcs et places, de la musique, de la danse, de la pantomime. Une belle occasion de croire qu'on a, presque, grandi en cette ville si différente.

Ci-contre: comme une tranchée sous la neige, la rue du Petit-Champlain à Québec où les maisons se serrent frileusement.

MONTRÉAL

Dans les anciens contes orientaux, les villes étaient souvent présentées comme des espaces mythiques, des cités fabuleuses et interdites au commun des mortels. Celui-ci devait accomplir des exploits ou en obtenir les clefs par la ruse pour y pénétrer. Aujourd'hui, les villes sont le lot du commun des mortels; elles forment des mondes d'agitation et de mystère dont il faut posséder les clefs pour comprendre leur vie intérieure et apprécier leur richesse.

Montréal n'est pas Venise. Mais elle est ville d'eau... Une ville de rivières, à la confluence du Saint-Laurent et de l'Outaouais, au pied des rapides de Lachine qui longtemps obligèrent les navires à laisser leurs marchandises à ce point de rupture de charge. Toute son histoire a été marquée par ce rôle actif de l'eau.

Face au fleuve, les limites du Vieux-Montréal (classé lieu historique en 1984) correspondent à peu près aux murs d'enceinte de la Ville-Marie originelle, autour de la place Royale où Paul Chomedey de Maisonneuve fit construire la chapelle, les premières habitations et un fortin de bois en 1642. Ses rues étroites, parfois couvertes de pavés qui répercutent les sabots des chevaux tirant leurs calèches, évoquent la vieille France et surprennent les promeneurs. Étirées ou tronquées, elles témoignent, au fil des vieilles pierres, de la vie de cette ancienne capitale du commerce des fourrures où germèrent par la suite, avec l'essor des activités portuaires et commerciales, des entrepôts de tout genre, des firmes d'import-export, le Montreal Stock Exchange, les écuries d'Youville, le marché Bonsecours et, sur la place

Ci-dessous: superbe dans son acier au-dessus du Saint-Laurent, le pont Jacques-Cartier à Montréal reçoit les hommages du soleil couchant.

L'ancien et le moderne se côtoient sur le boulevard René-Lévesque à Montréal.

Montréal, produit vivant de la géographie du fleuve et de l'archipel d'Hochelaga, et le métro, qui s'affranchit des contraintes du climat en plongeant dans les chairs de l'île et en façonnant du coup une autre ville. Le métro de Montréal deviendra probablement avec les années une espèce de musée des tendances architecturales et de design de cette société. Chaque station est différente: chacune a son volume, son ossature, ses matériaux, son ambiance. Certaines sont de béton, d'autres de brique. Ici du plastique, là de la céramique. Quelques-unes s'ornementent de verrières ou de vitraux parfois translucides de soleil.

Le métro est le nouveau fleuve: il irrigue les entrailles de la ville. Depuis les quartiers périphériques jusqu'en son coeur. Jusqu'à ce *downtown* peuplé de gratte-ciel, indissociable du visage des grandes villes nord-américaines. Ce centre-ville ne se saigne pas de sa vie à la fermeture des bureaux et des commerces. La rue Sainte-Catherine, la «Catherine» comme on dit, hôte du Festival international de jazz et du Festival des films du monde, reste tout aussi animée le soir que le jour. La folie n'est plus la même, la faune est autre. Au rythme du travail succède une certaine nonchalance. Le quartier prend alors ses aises. Les apéros se sirotent doucement dans les bars et restaurants.

Sur une terrasse accrochée aux premiers flancs du mont Royal, s'allonge l'aristocrate rue Sherbrooke où logent le musée des Beaux-Arts, le Ritz-Carlton au charme immuable, l'Université McGill et des maisons victoriennes qui résistent tant bien que mal aux pressions urbaines. Des boutiques haut de gamme, des

d'Armes, l'église Notre-Dame flanquée du séminaire de Saint-Sulpice, le plus vieux bâtiment de Montréal, la place Jacques-Cartier, son marché aux fleurs, ses bistrots et restaurants, les boutiques de la rue Saint-Paul, le château de Ramesay édifié en 1705 et l'église Notre-Dame-de-Bonsecours, nef modeste et discrète, église de marins décorée de marines et de maquettes de bateaux.

Tout à côté du Vieux-Montréal passe le métro. L'ancien et le moderne, juxtaposition de deux univers, interpénétration de deux histoires: le Vieux-

Une architecture urbaine très bien conservée, rue Laval à Montréal.

Les cailles rôties au miel,
servies sur pommes de terre dentelle

CAILLES RÔTIES AU MIEL

8 cailles

huile de pépins de raisin

quelques feuilles de coriandre

30 ml (2 c. à soupe) de miel

poivre concassé

2 ml (1 c. à café) de cari

sel et poivre

POMMES DE TERRE DENTELLE

½ patate douce, pelée et coupée en julienne

1 pomme de terre moyenne, pelée et coupée en julienne

15 ml (1 c. à soupe) de chapelure

2 ml (1 c. à café) de muscade

45 ml (3c. à table) d'huile végétale

sel et poivre du moulin

❖ Couper les cailles en deux sans les détacher et désosser les poitrines et les hauts de cuisse. Aplatir les cailles en crapaudine. Saler, poivrer et déposer dans un plat. Arroser d'huile de pépins de raisin et ajouter les feuilles de coriandre. Couvrir et réfrigérer une journée.

❖ Retirer les cailles du plat, les essuyer et les déposer sur une plaque de cuisson Mélanger le miel, le poivre concassé et le cari et en badigeonner les cailles à l'aide d'un pinceau. Cuire au four 12 à 15 minutes à 450°F. Réserver au chaud.

❖ POMMES DE TERRE DENTELLE: Mélanger les deux pommes de terre et la chapelure dans un bol. Assaisonner de muscade, de sel et de poivre. Dans un poêlon, faire chauffer l'huile et y jeter les pommes de terre par petits tas. Cuire 1 minute de chaque côté ou jusqu'à ce qu'elles soient dorées.

❖ Servir les cailles sur une assiette accompagnées de de pommes de terre dentelle.

POUR 4 PERSONNES.

Au carré Saint-Louis, un instant de paix dans la grande ville.

Royal est né. Plus tard, le grand glacier, venu du Nord, a laissé à son retrait un culot de glace qui a surcreusé le sommet de la montagne. Beaucoup affirment toujours que ce sont là les restes de l'ancien cratère du volcan.

Ailleurs, cette élévation — à peine 227 mètres — au centre de l'île serait une colline. À Montréal, c'est une montagne. LA montagne. Elle domine — dans tous les sens du terme — la vie des Montréalais. Est leur point de référence. Les classes plus aisées et leurs demeures cossues se sont installées sur ses hauts flancs, à Westmount, à Outremont-en-Haut, dans Côte-des-Neiges et Notre-Dame-de-Grâce.

C'est depuis le mont Royal — nom bien choisi, tant la vue y est unique — que les Montréalais regardent grandir leur ville. Par temps clair, ils y voient le fond de l'horizon; sous le soleil, la main en visière, ils écarquillent les yeux pour en reconnaître les quartiers et tenter, de voir si, là-bas, dans un coin de l'île, ils ne peuvent distinguer leurs maisons.

Étang de verdure dans la ville, la montagne est le premier lieu de rassemblement des nouveaux arrivants. Le dimanche, ils sont par grappes, partout, sous les arbres, sur les pelouses en pente, sur les bancs au bord du lac aux Castors, autour des tables à pique-nique. L'air sent l'ail, la viande qui cuit sur la braise; toutes sortes de musiques et de langues modulent l'air: le dimanche, la montagne leur appartient.

Comme la clef d'un coffre de merveilles.

Terre du Nouveau-Monde, le Québec fut enrichi de partout. Des Amérindiens d'abord. Des Français et des Anglais ensuite. Puis, selon les périodes, les crises que connurent l'Europe et d'autres parties de la planète, des Écossais et Irlandais, Allemands et Slaves, Portugais et Italiens, Haïtiens et Antillais, Cambodgiens et Vietnamiens, Chiliens et Salvadoriens, Africains, Libanais, Sud-Américains, Turcs et Armé-

galeries d'art contribuent à maintenir l'élégance des restes du *Golden Square Mile*, quartier «béni», dont les fortunes de ses 25 000 habitants concentraient à la fin du siècle dernier près de 70 pour cent de toutes les richesses du Canada...

Le mont Royal est une autre clef.

L'histoire est belle: elle dit, avec un peu d'effroi à l'appui, qu'il fut un volcan voilà bien longtemps. Et l'histoire, bien sûr, laisse entendre qu'il pourrait bien se réveiller un jour.

Les faits sont différents, moins spectaculaires mais peut-être plus tragiques, car il est un volcan qui n'a jamais vu le jour. La poussée de lave est restée sous la croûte terrestre, s'y solidifiant pendant des temps immémoriaux. Par la suite, les cycles d'érosion successifs ont libéré cette masse cristalline: le mont

Au marché Jean-Talon de Montréal, des étals débordant de produits frais d'ici et d'ailleurs.

Toute rajeunie, la tour de l'Horloge garde, sur le fleuve, l'entrée de Montréal.

niens. Au fil des ans et des générations, le Québec, comme toute l'Amérique, s'est fait de plus en plus composite et polymorphe, ajoutant à son sang des gènes nouveaux, ressourçants. Et, à sa cuisine, des touches universelles. Depuis des décennies maintenant, les Québécois mangent pâtes italiennes et nouilles chinoises, ragoûts irlandais, brochettes grecques, viandes fumées à la juive et poissons à l'antillaise tout autant que les inévitables plats à l'américaine et ceux issus de la tradition.

Active, commerçante, à la confluence des biens et des idées, Montréal fut leur porte d'entrée. Et elle en garde toujours l'empreinte: si, pour l'essentiel, le Québec est tricoté serré d'une laine francophone et française, Montréal, sa métropole, est pour sa part un *patch-work*, une catalogne bariolée et cosmopolite. C'est d'ailleurs ce que dit la *Main*, le boulevard Saint-Laurent.

Cette «rue» — qui partage officiellement l'est et l'ouest de la ville et officieusement les quartiers anglophones des francophones — s'est acquise un temps une réputation douteuse à l'époque du *Red Light District*. Mais la *Main* est maintenant le havre de bars et restaurants à la mode. Une adresse bien cotée. Elle est surtout un intense bouillon de cultures où circulent, se côtoient et s'ignorent des hommes et des femmes de toutes les races, de toutes les ethnies. Il faut y aller un samedi matin, pour se mêler à la foule compacte et grouillante, retrouver au hasard des divers commerces et étals, des relents, des odeurs, des visions de cultures et de peuples issus des quartiers grecs des abords de l'avenue du Parc, juifs du vieil Outremont, italiens de la Petite Italie, asiatiques du Chinatown. De ces quartiers latinos, antillais, portugais, parsemés aux quatre coins de la ville. Issus de mondes lointains et différents. Maintenant ici.

Sans doute y découvrira-t-on une clef, peut-être la plus mystérieuse, de cette ville polymorphe qui construit ses mythes et ses fables à même la vie de tous les jours...

Le Saint-Laurent et ses îles

Il faudrait écrire une lettre pleine de mercis et — pourquoi pas? — de mots d'amour à tous ceux et celles qui sont restés fidèles au Saint-Laurent, qui n'ont pas attendu la fièvre des baleines et des bélugas pour continuer, contre les vents et marées des modes et des oublis, à aimer le grand fleuve, à y hisser leurs voiles et à guider leurs embarcations, grandes ou petites, dans ses anses et multiples anfractuosités, à doubler ses caps et prendre sa mer.

Car tous les pilotes, tous les capitaines, ceux de ce jour et ceux d'hier — qui menaient de main sûre leurs goélettes, dont quelques-unes durent encore, éventrées sur les grèves de quelque rivage ou remises à neuf dans la salle de quelque musée — , tous les marins vont le jureront: ce fleuve est une mer. Qu'il faut approcher, chérir et naviguer comme une mer.

Il va jusqu'aux îles de la Madeleine. Aux îles, comme on dit là-bas. En cet archipel qui aurait pu avoir été porté par le vent — ce serait une belle histoire… — à l'entrée du golfe, aux lèvres de l'océan, juste assez loin pour être caressé et réchauffé par une langue égarée du Gulf Stream parti, lui, vers les rivages lointains de l'Europe occidentale. Il y a en ces îles des dunes et du vent. Des falaises de grès rouge et le halètement des vagues. Et des Madelinots.

Les îles de la Madeleine sont aux avant-postes. En amont et jusqu'à l'intérieur du continent, d'autres îles, en essaim ou solitaires, accompagnent le fleuve dans son parcours: Anticosti, immense et sauvage, riche de bois, de cerfs et de saumons; les îles de

Mingan sur la Basse-Côte-Nord, devenues un parc naturel, où sel de mer, souffle de l'air et morsures du gel ont sculpté des tours étranges sur la grève, où des fouilles archéologiques ont mis à jour des fours en pierre cuite hérités des pêcheurs basques du XVIᵉ siècle; l'île Verte devant le Saguenay, isolée, superbe, où vivent encore quelques familles qu'un bac relie de temps à autre à la terre ferme.

Le Saint-Laurent ne serait pas lui-même sans toutes ses îles.

On ne saurait en une saison, en une année, découvrir, apprécier toutes les richesses, tous les trésors de ce fleuve qui est merveille. Des gens parcourent ses rives, à pied, en auto, à vélo. Sans se lasser. Comme une drogue, douce, exaltante: de fois en fois, le besoin est plus fort, plus envahissant. Toujours des paysages à voir et revoir, à connaître et reconnaître, des effluves à humer et à retrouver, des bruits à entendre et réentendre.

De fois en fois, ils cherchent la route, le chemin, le bout de rue, le sentier qui les rapprochera du Saint-Laurent. De fois en fois, ils cherchent les signes qui leur diront qu'il y a, entre eux et ce fleuve immense, une même appartenance. Une continuité, une filiation.

Cette fois-ci, peut-être iront-ils à Tadoussac, au parc du Saguenay, sur la piste de ses origines, ou au parc des Îles-de-Boucherville, planes et surprenantes dans leur simplicité. Peut-être s'arrêteront-ils en un autre parc, celui de la Pointe-du-Buisson, pour retracer à la suite des archéologues les vieilles, très vieilles implantations amérindiennes en cette Amérique d'ici. Peut-être écouteront-ils la pierre et le bois des maisons des villages, de ces villages nourris du fleuve, et entendront-ils les murmures des générations qui ont vécu de lui et par lui.

Ci-contre: avec l'île d'Orléans et le Saint-Laurent comme fidèles spectateurs, la chute Montmorency déferle inlassablement dans ses éclaboussures.
Ci-dessous: près du phare de Pointe-Basse aux îles de la Madeleine, les falaises grises faiblissent lentement sous l'assaut des vagues.

ROUELLES DE SAUMON AUX HERBES SALÉES DU BAS-SAINT-LAURENT

30 ml (2 c. à soupe) d'huile d'olive

15 ml (1 c. à soupe) d'herbes salées

750 g (1 ½ lb) de filets de saumon, sans peau et arêtes

30 ml (2 c. à soupe) de beurre

SAUCE

5 ml (1 c. à thé) de jus de citron

30 ml (2 c. à soupe) de persil émincé

15 ml (1 c. à soupe) d'herbes salées

125 ml (½ tasse) de crème 35%, fouettée

fines herbes ou cresson

❖ Dans un petit bol, mélanger l'huile et les herbes salées. Découper les filets de saumon en bandes de 1 ½ cm (¾ po). Prendre 2 bandes de saumon et les disposer en rouelle. Badigeonner d'herbes salées et laisser reposer 2 heures au réfrigérateur.

❖ SAUCE : Mélanger le jus de citron, le persil et les herbes salées et incorporer la crème fouettée. Réserver au frais.

❖ Dans une poêle bien chaude, faire fondre le beurre et cuire les rouelles d'un seul côté pendant 4 minutes. Verser la sauce au centre des assiettes et déposer les rouelles de saumon. Garnir d'un bouquet de fines herbes ou de cresson.

POUR 6 PERSONNES.

*Lee rouelles de saumon
aux herbes salées
du Bas-Saint-Laurent*

Le saumon,
le plus vieux seigneur des lieux

Près de Gaspé, la Dartmouth enfonce vite son entaille dans les durs plis des montagnes: çà et là sur le chemin, des panonceaux indiquent des aires de pêche au saumon; le cours d'eau est renommé, des amateurs y viennent de partout. L'un d'eux annonce *Les Falls*: un sentier puis un long escalier de bois descendent vers l'eau qui bouillonne parmi les rochers. Un jour comme un autre, en cuissardes et en silence, un pêcheur lançait patiemment sa ligne. Plus haut, sur un belvédère rustique, deux amoureux hésitaient: que devaient-ils regarder, le panorama ou les yeux de l'autre?

Plus encore que quiconque, le saumon Atlantique est le plus vieux seigneur des lieux. Infailliblement, il remonte sa rivière d'origine pour y frayer dans l'eau claire et les graviers. Musclé, fort, tenace, ardent, le saumon Atlantique, *Salmo salar* de son vrai nom, est un seigneur. Au Québec, sur tout le pourtour de la Gaspésie, sur la Côte-Nord, à Anticosti, il a ses possessions, la Matane, la York, la Moisie, la Romaine et tant d'autres. D'année en année, de partout, du Québec, des États-Unis, d'Europe, des fidèles — et d'autres qui s'initient à ce plaisir — lui rendent hommage en l'attendant en ses rivières. Pour le leurrer et tenter de lui faire mordre la mouche au vol, l'agripper solidement et l'extraire des eaux après un combat tout en force et en finesse. Ils espèrent des bêtes de neuf, dix kilos, puissantes, qui feront des plats d'exception, mais savent qu'ils tireront presque tout autant de satisfaction, au bout des bras et à la bouche, à la capture d'individus de taille plus modeste.

En fait, il y a deux *Salmo salar*: le migrateur, qui vient de l'océan par troupeaux entiers et remonte chaque année les rivières pour le frai, et la ouananiche (ou sébago), qui reste en eaux douces, dans les lacs et rivières — la ouananiche plutôt que l'ouananiche car la première syllabe est une déformation du montagnais *wa* (*aonanch*, «qui est, qui va partout»), déjà écrit *awenanish* par l'explorateur W. Nixon en 1829. Les écailles, qui grandissent avec le poisson en cercles concentriques s'agglomérant les uns sur les autres comme les cernes d'un arbre, permettent de les distinguer: la ouananiche, dulcicole, grandit plus lentement en général et ses cercles sont rapprochés alors que ceux du saumon marin, anadrome et de croissance plus rapide, sont plus espacés.

Au début, durant sa vie en rivière, le jeune saumon — dit tacon, «tache» dans l'ancienne langue des Francs — porte sur les flancs de six à douze grandes marques foncées. En mai-juin, au moment où le jeune saumon descend sa rivière natale pour atteindre un lac dans le cas de la ouananiche, ou la mer dans le cas du saumon marin, sa robe pâlit et prend une teinte argentée, comme celle des adultes: c'est alors un saumoneau, un petit saumon. Les poissons qui reviennent en rivière pour frayer après seulement un hiver portent, eux, le nom de castillons ou de madeleineaux car ils le font, en France, vers la fête de sainte Madeleine.

Depuis le siècle dernier, la ouananiche a été, au Lac-Saint-Jean, «l'icône d'une foule de pêcheurs sportifs», pour reprendre l'expression du spécialiste Vianney Legendre, «l'acmé de leur dévotion». Et le saumon de mer, vieux seigneur, qui maîtrise eaux salées et eaux douces, jouit d'une vénération peut-être plus forte encore. Certains lieux d'ailleurs en parlent d'abondance, tels, à Sainte-Flavie, le Centre d'interprétation du saumon Atlantique et, à Causapscal dans la Matapédia, le Site historique Matamajaw qui fait revivre le *Matamajaw Salmon Club* que fonda lord Mount Stephen, premier président du conseil du Canadian Pacific Railway en 1870.

La rivière Saumon à Anticosti: dans l'eau claire où brillent les galets du lit, un pêcheur peut croire posséder le monde.

Faune et produits d'ici

Au Québec, on parle d'orignaux et d'épinettes au lieu d'élans et d'épicéas. Il s'agit des mêmes bêtes et arbres mais, de ce côté-ci de l'Atlantique, le langage s'est particularisé. Pour d'autres espèces, s'est développé un vocabulaire que d'aucuns pourraient qualifier d'erroné, qui s'explique par un effet de transposition géographique et d'assimilation culturelle: en arrivant en ce continent qu'ils ne connaissaient pas, les colons français ont cru reconnaître, en raison de ressemblances étonnantes parfois, des animaux et des végétaux qui existaient chez eux mais qui étaient différents. Aucune taxonomie n'était alors connue en ce pays nouveau et les gens ont pu facilement être abusés par les apparences et traits communs.

Un cerf de Virginie peu farouche, sachant d'instinct que la saison de la chasse est encore loin.

En voici quelques exemples.

Deux cervidés, le cerf et le chevreuil, peuplent la France. La taille et le comportement du chevreuil, plus proches du cerf de Virginie que du cerf, sont probablement à l'origine de la méprise qu'il y ait, dans la langue courante, tant de chevreuils ici et si peu de cerfs de Virgine, pourtant un authentique cervidé d'Amérique.

Félix Leclerc a chanté la perdrix à de nombreuses reprises. Certes vit maintenant au Québec une perdrix grise, importée d'Europe; elle se tient dans les champs (qui existaient à peine à l'arrivée des Européens) et non dans les bois comme la gélinotte huppée qui a un aspect et un comportement très proches de ceux des perdrix européennes.

Sur les tables, à la maison et au restaurant, est servie la sole, alors qu'il s'agit, à proprement parler, de plie ou de limande. Il ne faut pas y voir de malhonnêteté, ni morale ni commerciale, mais l'héritage d'une vieille habitude des pêcheurs du golfe du Saint-Laurent et de la côte d'appeler sole tous les poissons plats qui lui ressemblent.

Il sautille, cet oiseau, sur les pelouses, à la recherche de vers et autres nourritures, son roux poitrail bien en évidence, de couleur analogue à celle du rouge-gorge européen, d'où le nom qu'on lui a donné. Dans les arbres, il fait entendre son chant... de merle d'Amérique.

Oiseau, s'il en est, très familier du ciel du Québec et des battures du Saint-Laurent, l'outarde est en réalité la bernache du Canada. Deux espèces d'outardes, qui sont des échassiers aux longues pattes vivant dans les champs et les plaines, existent en France, la grande outarde et l'outarde canepetière. Cette dernière pourrait avoir une ressemblance avec la bernache du Canada lorsque celle-ci paît dans les champs; en période nuptiale, le mâle a le cou noir avec des bandes blanches mais la taille de la bernache est plus proche de la grande outarde.

Certaines truites sont de la même espèce que le saumon, d'autres non. Au Québec, existent des ombles mais pas de truites indigènes: l'omble de fontaine est appelée à tort truite mouchetée et l'omble chevalier, truite rouge; la truite brune et la truite arc-en-ciel y ont été introduites plus tard. Preuve que ce sont des nuances de spécialistes, les truites possèdent un os du palais, le vomer, avec des dents en deux rangées vers l'arrière alors que les ombles ont un vomer en forme d'étrave avec des dents sur la partie antérieure seulement (à l'avant de la tête, donc) et non sur la lame. Mais truites ou ombles sont des poissons chéris des pêcheurs sportifs et des bons palais.

OIE DES NEIGES ET OIE BLANCHE

Il n'y a, au Québec, qu'une seule espèce et deux races, la grande oie des neiges et la petite oie des neiges. N'empêche qu'on a toujours dit l'oie blanche, qu'elle soit grande ou petite. Changer d'appellation ne se fera pas en criant oiseau...

Toutes deux ont un blanc plumage où se découpent le noir de l'extrémité des ailes (les rémiges) et le roux de la tête, du cou et du ventre, en raison des oxydes de fer des vases qui en teignent les plumes lorsqu'elles plongent le bec en quête de nourriture. La grande oie des neiges possède un long cou, pèse trois kilos et vit une quinzaine d'années; ses ailes déployées atteignent un mètre d'envergure. La petite

Le filet de dinde farci aux épinards

FILET DE DINDE FARCI AUX ÉPINARDS

1 dinde de 6 kg (12 à 14 lb)

FARCE

500 g (1 lb) de chair de dinde

3 blancs d'oeufs

200 ml (¾ tasse) de crème

1 paquet d'épinards

150 g (5 oz) de lard entrelardé

2 échalotes finement hachées

2 carottes coupées en dés

60 ml (¼ tasse) de pistaches pelées

60 ml (¼ tasse) de bouillon de dinde

SAUCE

125 ml (½ tasse) de vin blanc

500 ml (2 tasses) de bouillon de dinde dégraissé

60 ml (4 c. à table) de compote de canneberge réduite en purée

60 ml (4 c. à table) de crème 35%

quelques gouttes de jus de citron

sel et poivre

❖ Lever chaque filet sur la dinde en les gardant entiers avec la peau. Saler, poivrer et réserver.

❖ Émincer les épinards et les blanchir à l'eau bouillante salée pendant 2 minutes. Égoutter et rafraîchir à l'eau froide. Couper le lard en lardons et les plonger dans une casserole d'eau froide. Porter à ébullition et cuire 5 minutes. Égoutter et rafraîchir à l'eau froide.

❖ FARCE: Prélever 500 g de chair sur la dinde (et les filets au besoin) et la mélanger au robot avec les blancs d'oeufs et la crème pendant quelques minutes. Ajouter ensuite les épinards, les lardons, les échalotes, les carottes, les pistaches et arroser avec le bouillon de dinde. Saler, poivrer et mélanger 1 minute.

❖ Déposer un filet de dinde sur une crépine*, côté peau en-dessous. En partant du centre gauche, couper le filet sur l'épaisseur jusqu'à 2 cm (1 po) du bord, puis l'ouvrir à plat. Recommencer l'opération de l'autre côté. Aplatir toute la surface du filet et la recouvrir de farce. Rouler en boudin bien serré et badigeonner de beurre fondu. Saler et poivrer. Cuire au four à 350°F sur une grille déposée dans une lèchefrite, pendant 1 heure environ. Arroser 3 ou 4 fois.

❖ SAUCE: Mettre la lèchefrite sur le feu et déglacer avec le vin. Ajouter le bouillon de dinde et laisser bouillir 5 minutes. Ajouter la purée de canneberge et la crème. Faire réduire pour lier la sauce. Passer au chinois et arroser de jus de citron. Trancher le boudin et servir avec la sauce et un gâteau de lentilles.

POUR 10 PERSONNES.

*VOIR GLOSSAIRE

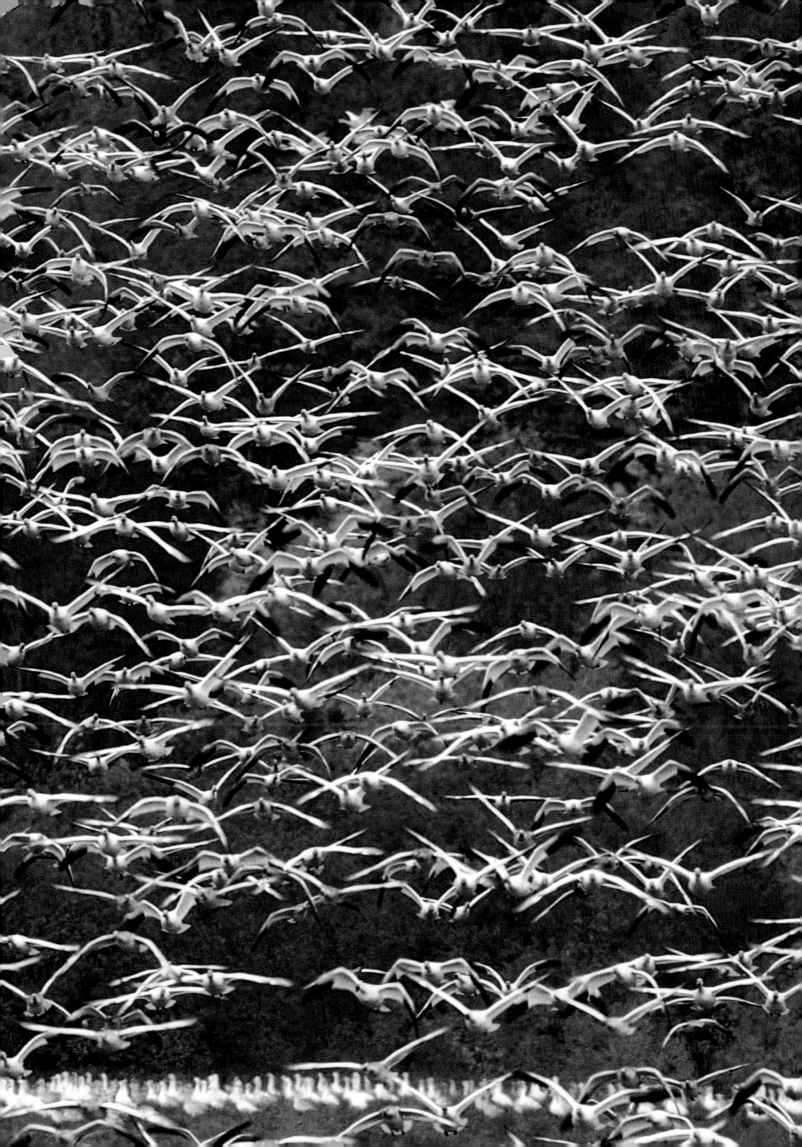

Selon les experts, le huart à collier fait partie de l'une des plus anciennes familles aquatiques dont on a retrouvé des fossiles datant de soixante-cinq millions d'années.

oie blanche connaît souvent une phase bleue: son plumage devient blanc sur la tête et le cou, gris-bleu sur les ailes et grisâtre sur la poitrine, le dos, le ventre et les flancs. Le voilier que forment les grandes oies des neiges en traversant les airs et en cacardant sans retenue comprend entre 75 et 200 individus et dessine un *V* assez ondulé.

Pour le dramaturge Marcel Dubé (*Au retour des oies blanches*), leurs migrations saisonnières symbolisent la fragilité de la vie et la force du destin:

«J'ai tué ces oies blanches comme elles passaient au-dessus du cap Tourmente… Elles sont tombées comme des âmes qui se perdent au fond de l'abîme… La chasse est bonne cette année. Dimanche dernier, sur les battures de l'île d'Orléans, il y avait des milliers d'oies blanches toutes ensoleillées. On aurait dit de la neige. Je n'ai pas tiré. Je les ai regardées longtemps avec l'espoir qu'elles regagneraient bientôt les mers du Sud. Il y a parfois des moments comme ça où la vie m'enivre.»

Tout de suite en aval de Québec, le Saint-Laurent s'évase et, déjà, les gens parlent du fleuve en disant la mer. Des îles, rondes ou effilées, y décorent son cours. La plus connue, bien sûr, est l'île d'Orléans, si chère à Félix. D'autres, comme les îles de Montmagny, reçoivent, deux fois l'an et depuis des temps qui dépassent les habitudes des hommes, des milliers d'oiseaux. La grande oie des neiges s'y arrête, en route vers ses aires d'hiver, en Virginie et dans les Carolines, ou d'été et de reproduction, au-delà du cercle arctique, sur les îles de Baffin, d'Ellesmere et de Bylot.

À l'automne, des chasseurs guettent, au petit jour, à l'abri de leurs caches, l'envol des grands volatiles; c'est l'occasion, en octobre du Festival de l'oie

Pages précédentes: «Il y avait des milliers d'oies blanches toutes ensoleillées. On aurait dit de la neige.» (Marcel Dubé, Au retour des oies blanches)

blanche de Montmagny. Au printemps, la chasse est interdite; des deux côtés du fleuve, sur la Côte-du-Sud et, au nord, au pied des 600 mètres du cap Tourmente, l'ondoyant nuage, qui déjà émerveillait Jacques Cartier lors de son deuxième voyage en 1535, se pose sur les battures, vastes vasières balayées par les marées, où les scirpes poussent en abondance.

La grande oie des neiges a failli faire partie des espèces disparues. Il n'en restait plus que deux ou trois mille en 1900. Sa population a augmenté petit à petit, passant de cinq mille individus en 1921 à quarante-huit mille en 1959, à près de trois cents mille aujourd'hui. Une chasse trop active, la popularité de leur duvet, de nombreux prédateurs et surtout une diminution de la nourriture sur les bords du Saint-Laurent ont contribué à décimer le troupeau au XIXe siècle. En 1916, les États-Unis et le Canada ont conclu le *Traité des oiseaux migrateurs* pour en limiter la chasse et le nombre de prises. Le gouvernement canadien a rétabli, en 1971, la chasse, par tirage au sort, de la grande oie des neiges dans la réserve nationale de faune du Cap-Tourmente.

Protégeant ses petits, une «perdrix» détourne l'attention d'un prédateur.

MOUSSE À L'ÉRABLE

10 ml (2 c. à thé) de gélatine

60 ml (4 c. à soupe) d'eau

4 jaunes d'oeufs

250 ml (1 tasse) de sirop d'érable

30 ml (2 c. à soupe) de Fine Sève

2 ml (1 c. à café) d'extrait de vanille

375 ml (1 ½ tasse) de crème 35%

90 ml (6 c. à soupe) de noix hachées

sucre d'érable granulé ou râpé

❖ Faire gonfler la gélatine 10 minutes dans l'eau puis la faire fondre à feu doux en remuant constamment. Laisser tiédir. Dans un bol placé au-dessus d'un second bol d'eau chaude, mélanger les jaunes d'oeufs, le sirop, la Fine Sève et la vanille. Fouetter pendant 4 minutes ou jusqu'à ce que le thermomètre indique 140°F.

❖ Retirer le bol d'eau chaude, ajouter la gélatine et continuer à fouetter jusqu'à complet refroidissement. Fouetter la crème et incorporer graduellement au mélange. Ajouter les noix. Verser la mousse dans un moule et réfrigérer 4 heures. Au moment de servir, saupoudrer de sucre d'érable et décorer de noix caramélisées.

8 PORTIONS.

La traditionnelle «beurrée à l'érable»: une tranche de pain de ménage (ici, du pain aux noisettes et aux abricots de la boulangerie Le Fromentier) que l'on recouvre de crème champêtre et d'une généreuse portion de sucre d'érable râpé.

CARRÉ DE PORC RÔTI AU JUS DE POMME VERTE

1 kg (2 lb) de carré de porc

15 ml (1 c. à soupe) de beurre doux

1 oignon haché

2 gousses d'ail en chemise

1 carotte coupée en morceaux

1 pomme verte non pelée, coupée en morceaux

250 ml (1 tasse) de cidre

jus de 1 citron

2 ml (1 c. à café) de sucre

45 ml (3 c. à soupe) de beurre doux en morceaux

sel et poivre du moulin

❖ Colorer le carré de porc dans un peu de beurre avec l'oignon, les gousses d'ail et la carotte. Ajouter la pomme, le cidre, le jus de citron et le sucre. Couvrir et cuire au four 60 à 75 minutes à 325°F. Retirer du four et réserver le carré au chaud. Faire réduire la sauce à feu vif jusqu'à ce qu'elle épaississe légèrement. Passer au chinois et remettre sur le feu. Monter au beurre en remuant constamment avec un fouet. Rectifier l'assaisonnement et servir aussitôt. On peut aussi servir le carré de porc avec ses légumes.

POUR 6 PERSONNES.

POULET GLACÉ AU CITRON

60 ml (4 c. à soupe) de beurre

1 poulet de grain de 1 ½ kg (3 lb), coupé en morceaux

6 échalotes ciselées

2 gousses d'ail réduites en purée

6 morceaux de tomates séchées

15 ml (1 c. à soupe) de sirop d'érable

125 ml (½ tasse) de bouillon de volaille

30 ml (2 c. à soupe) de jus de citron

zeste de 1 citron coupé en julienne, blanchi

sel et poivre du moulin

❖ Faire fondre le beurre dans une cocotte et dorer les morceaux de poulet. Ajouter les échalotes, l'ail et les tomates et cuire doucement pendant quelques minutes. Saler et poivrer. Verser le sirop d'érable et poursuivre la cuisson quelques minutes en remuant sans cesse. Mouiller avec le bouillon de volaille et continuer la cuisson au four à 350°F pendant 20 à 25 minutes. Retirer du four, arroser de jus de citron et parsemer de zeste de citron.

POUR 4 PERSONNES.

À gauche, le carré de porc;
à droite, le poulet glacé au citron

Il était une bergère…

Née à Montréal, femme d'instruction et mère de famille, Francine a été bergère, sur les hauteurs de Saint-Mathieu en arrière de Trois-Pistoles. De ses terres qui dévalent vers le rang d'en bas, le regard embrasse le fleuve et l'horizon et les montagnes là-bas, celles de Charlevoix, et le soleil qui se couche dans des incendies pastel. Et que dit-elle?

Est bergère celle qui garde les moutons. L'action de *garder* exprime toute son activité. Garder. Regarder: associer un sens aigu de l'observation et l'intuition, cette capacité de voir au-delà des apparences premières. La bergère connaît ses brebis et ses brebis la connaissent; cela suppose la fréquentation du troupeau. Mais l'appellation bergère ou berger est désormais désuète car on ne fréquente plus le troupeau: on l'élève — c'est-à-dire qu'on l'abrite, le nourrit, le soigne, le numérote — mais on passe de moins en moins de temps avec lui, parce que le temps manque, parce que le temps est précieux, parce qu'on a perdu le plaisir de l'immobilité et de la contemplation. Je ne dis pas qu'on obtient de moins bons résultats avec les méthodes modernes; je dis que l'éleveur se prive d'un bonheur exquis.

Les nomades du Néolithique avaient déjà, quatre mille ans avant J.-C., domestiqué le mouton et la chèvre sur les plateaux des Cévennes. L'activité pastorale est l'une des plus anciennes de l'humanité et a beaucoup changé jusqu'à nos jours; mais la vue d'un troupeau de moutons ou d'un agnelet suscite encore une émotion qui n'est pas étrangère à ce long et indéfectible accompagnement de la bête pour l'homme qui en dépendait.

Les moutons ont toujours fait partie de la ferme familiale au Québec, sans que leur élevage n'en ait constitué l'activité principale. Un petit troupeau d'une dizaine ou d'une quinzaine de bêtes apportait sa contribution à la subsistance et aux modestes revenus des habitants. Mais, rébarbatifs à rester dans le clos, les moutons avaient mauvaise réputation: les clôtures n'étaient jamais assez solides ou assez hautes pour les empêcher de sauter et d'aller voir ailleurs. Les brebis étaient trop capricieuses, disait-on, elles refusaient trop souvent de laisser boire leurs nouveau-nés… qu'il fallait nourrir au biberon; on leur reprochait de faire la fine gueule sur les herbes du pré. Leur apport cependant était nécessaire à la vie quotidienne: les agneaux étaient vendus à l'automne au marché ou à des commerçants et l'argent ainsi obtenu constituait un revenu souvent indispensable pour passer l'hiver. La laine, elle, permettait de se

Ci-contre: dans un rang de Charlevoix vers Saint-Hilarion, moutons et agneaux broutent l'herbe du printemps.

vêtir chaudement pendant les mois froids, et femmes et enfants avaient la responsabilité d'assurer les vêtements nécessaires à chaque membre de la famille. Tout comme on se servait des toisons pour protéger les voyageurs dans les carrioles découvertes qui glissaient sur la neige gelée. Et, sur toutes les fermes, lorsqu'arrivait l'été, que l'agnelage avait eu lieu et que les moutons avaient été tondus, on menait le petit troupeau dans un clos, souvent à l'endroit le plus reculé de la «terre faite», à l'orée du bois.

Au tournant des années soixante, l'agriculture s'est modernisée et les fermiers québécois qui, je pense, n'aimaient pas vraiment les moutons ont pu se «libérer» de cet élevage. Le cheptel ovin a été décimé par le progrès et personne n'a semblé exprimer de regrets. C'est la vague du «retour à la terre», au temps du *flower power*, de la contestation de la guerre au Viêt-nam, qui a ramené les moutons dans le paysage rural du Québec — et aussi ailleurs, en Europe. Des citadins faisaient des rêves bucoliques dans leurs immeubles de brique et de béton; ils constataient le

Les girouettes se font de plus en plus rares. Celle-ci coiffe une belle grange de l'Estrie.

siècle. À la stupéfaction des ruraux, ils ont déferlé sur le moindre espace vert, le coteau le plus pentu, le rang le plus isolé, la ferme la plus «authentique» pour réinventer le monde, et se sont installés, pour la plupart sans ressources financières — et fiers de l'être —, pour vivre de la terre. Démarrer ce qui est dorénavant appelé une entreprise de production laitière était déjà hors de prix: les cochons, ce n'est pas très poétique, et les poulets, pas intelligents. Alors, la bête mythique par excellence est sortie de l'ombre: le prix des moutons était abordable et permettait l'acquisition d'un troupeau respectable et le droit d'être reconnu comme un agriculteur, signe de la coupure nette et définitive avec «l'ancien monde». Les néo-ruraux sont devenus des bergers en apprenant leur métier dans les livres...

Dans le Bas-Saint-Laurent et la Gaspésie, le cheptel a fait, en nombre tout autant qu'en qualité, un bond extraordinaire. Ces bergers, sans tradition pastorale, n'ont pas peur de l'innovation et ne comptent pas leurs heures pour développer cette activité et lui donner sa place au soleil. Le virage de la dernière décennie le prouve: d'artisanal, le cheptel s'est transformé en élevage ovin et a adopté les règles des productions modernes: productivité, rentabilité, spécialisation, uniformisation et fiabilité du produit, conquête des marchés. Durant ce temps, les «fleurs bleues» sont retournées en ville fleurir le macadam!

Quand cuisiner devient ennuyant, c'est qu'on n'a pas cuisiné l'agneau depuis longtemps. Plusieurs «connaisseurs» clament que seul le jeune agneau nourri au grain est digne d'être cuisiné. Cette opinion très restrictive freine l'expérimentation et le développement du goût pour l'agneau. Je ne ferai pas l'unanimité, je le sais, mais la viande que je préfère est celle de l'agneau d'herbe qui a gambadé dans un pré bien garni jusqu'aux jours froids de l'automne, un agneau qui a eu le temps de vivre et dont la croissance n'a pas été «poussée». Sa viande offre alors un goût affirmé et sans pareil. Ce qui ne veut pas dire que je lèverai le nez sur la viande d'une jeune brebis de deux ans mijotée dans les parfums d'un couscous ni sur celle d'un animal plus âgé qu'on a hachée pour une moussaka bien moelleuse.

J'aime les moutons, j'ai adoré le métier de bergère et je goûte délicieusement l'agneau. J'entends ici les hauts cris des «amoureux des animaux»: comment peut-on manger une bête qu'on a soignée, gardée? Ma réponse sera une question: comment peut-on manger une bête qu'on ne connaît pas? Lorsqu'on abat un agneau qui ne nous est pas étranger, on le fait avec respect; on ne le gaspille pas, on le cuisine avec soin et on le déguste avec plaisir. Les choses ne nous sont pas indifférentes! Il y a mille façons d'apprêter la viande de mouton — et j'entends par là les béliers, brebis, antenais, agneaux, agnelets — qui est utilisée à travers le monde depuis l'aube de l'humanité. C'est un réservoir immense d'expériences culinaires et de connaissances d'autres cultures.

GIGOT D'AGNEAU À L'AIL DES BOIS

1 gigot d'agneau de 3 kg (6,5 lb) à demi désossé

36 gousses d'ail des bois frais

60 ml (4 c. à soupe) d'huile d'olive extravierge

15 ml (1 c. à soupe) de thym frais

15 ml (1 c. à soupe) de sauge fraîche

15 ml (1 c. à soupe) de basilic frais

1 oignon coupé en morceaux

1 carotte coupée en morceaux

1 poireau coupé en morceaux

1 bouquet garni

250 ml (1 tasse) de bouillon léger

❖ Blanchir rapidement l'ail des bois, rafraîchir et égoutter. Mettre 20 gousses dans le mélangeur électrique avec 30 ml (2 c. à soupe) d'huile d'olive, le thym, la sauge et le basilic. Réduire en purée, saler et poivrer. Tartiner l'intérieur du gigot de purée. Bien ficeler.

❖ Faire chauffer le reste de l'huile d'olive dans un grand plat allant au four et dorer le gigot, 3 à 4 minutes de chaque côté. Jeter l'excédent de gras et ajouter l'oignon, la carotte, le poireau, le bouquet garni et le bouillon. cuire au four à 400°F, pendant 40 à 45 minutes en arrosant de temps en temps. Éteindre le four, couvrir d'un papier d'aluminium et laisser reposer pendant 15 minutes.

❖ Passer au chinois le jus de cuisson du gigot et le faire réduire de ⅓, sur feu vif. Rectifier l'assaisonnement. Au moment de servir, incorporer le reste de l'ail des bois dans la sauce chaude.

POUR 8 PERSONNES.

Le gigot d'agneau à l'ail des bois

La passion d'un métier

Être chef de cuisine n'est pas facile; être chef quand on est femme — et mère de famille de surcroît — l'est encore moins. La cuisine, c'est une passion qui doit être partagée, avec les employés, les amis, les clients. Un cuisinier n'évolue pas, ne progresse pas tout seul.

Louise, femme de coeur et chef de grande invention, parle avec son coeur:

Le métier d'un cuisinier est un parler plein de sueur. Une écriture faite de gouttelettes salées perlant sur son front. Servir 120 clients, devant un «piano» où il fait parfois 140 °C, avec l'exactitude des cuissons, celle qu'exige le client, chapeau! Chef de brigade, j'admire aujourd'hui mon grillardin qui souffre pour son propre plaisir.

Bien sûr, il y a de bons cuisiniers et de moins bons cuisiniers. Bien sûr, on mange souvent mieux à la maison entre amis. Bien sûr, entend-on: «Ma femme réussit mieux ce plat» et «Au prix qu'on paie…» Bien sûr, on voudrait tous être des Bocuse parce que la profession de cuisinier a, de nos jours, quelque chose de *glamourous*. Alors, on le déteste ou on l'envie, comme une star! Mais le geste de cuisiner, c'est autre chose. D'avoir connu des maîtres, de les avoir lus, d'avoir travaillé avec eux, c'est savoir que, pour réussir le geste de cuisiner, il faut être modeste devant les repas que l'on prépare. La poudre aux yeux n'a qu'un arrière-goût de soufre.

Le plaisir de manger doit être simple. Le cuisinier prend son plaisir à se surprendre. Comme si chaque geste était une révélation, une découverte qu'il a envie de partager. Le cuisinier ne travaille jamais pour lui-même: il a besoin d'une reconnaissance et c'est son client qui la lui donne. Oh bonheur! que celui de contenter et d'émerveiller. Mais combien de répétitions, combien de tact et de pudeur! Et parfois un déclic, comme une évidence: l'étonnement, une combinaison de saveurs et voilà le plat réussi! Grâce à des connivences souvent, celles d'un bon fournisseur ou d'un bon producteur.

Je garde en mémoire un ami très cher qui gavait des canards. Geste répété avec amour. Quel merveilleux produit! Si inspirant, si vrai, si inusité. Tout d'un coup, la magie opère. Et si, au lieu de le cuisiner, on le mettait tout simplement en saumure pour le manger presque à l'état cru? Simplement divin, juste servi sur un toast chaud. Si simple, si bon!

Je garde en mémoire Henriette, qui nous apporta un jour de la mâche tout droit sortie des dernières gelées du printemps à Rawdon. Si verte, juteuse et douce à la fois que même quelques gouttes d'huile de

Ci-contre: une rue animée du Vieux-Québec qui a gardé sa mémoire européenne.

noix ne lui faisaient pas honneur. Elle fut alors servie avec un filet de jus de citron.

Je garde en mémoire les tomates complètement difformes de mon grand-père, mais surtout ses chapons que *cannait* ma mère: elle faisait du véritable confit! Elle l'ignorait, bien sûr; on ne connaissait pas encore le terme chez nous, mais c'est ce que je recherche encore. C'est, je crois, ce que je ferai toute ma vie: la recherche de ces goûts oubliés.

Je garde en mémoire le dernier vin de miel, cet hydromel si bon que j'ai hésité à m'en servir pour pocher des fruits, Si bon, si bon, ce goût de miel dans

Du trèfle au sarrasin, le miel du Québec regorge de couleurs et de saveurs.

ce qui finalement est devenu ma soupe de petits fruits au vin de miel. Et j'ai goûté par la suite, par curiosité, à toutes sortes de vins de miel faits ici.

Bien sûr, la mémoire garde les bons souvenirs. On se rappelle ce bon dîner, cette fameuse chocolaterie. La mémoire préfère oublier le goût amer des déceptions; le goût étrange du non-goût est dans la bouche du cuisinier une tout autre expérience. Comment une chose peut être aussi insipide? Comment certains produits peuvent-ils faire d'un repas un moment si terne parce que, de l'entrée au dessert, on a ce goût répété du produit industrialisé?

C'est de la rencontre du cuisinier et du produit que naît une création culinaire. Nous sommes, en ce sens, une génération privilégiée car il existe présentement une préoccupation certaine de retrouver une certaine authenticité. La recherche et la production du produit vrai existent réellement. Le cuisinier qui est constamment à la recherche d'un produit viendra à le trouver et, de ce fait, à faire oeuvre de création.

Cette passion de Louise rejoint celle de quatre chefs qui proposent en ce livre des recettes selon les saisons, des recettes au goût du Québec. Quatre chefs issus d'ailleurs, qui ont vécu quatre coups de coeur pour le Québec, quatre histoires d'amour.

Parfait Glacé au Chocolat Blanc, aux Bleuets et Chicoutai

450 g (1 lb) de bleuets

200 g (¾ tasse) de sucre

15 ml (1 c. à soupe) de Chicoutai

2 ml (1 c. à café) de jus de citron

60 ml (4 c. à soupe) d'eau

6 jaunes d'oeufs

100 g (3 ½ oz) de chocolat blanc haché et fondu

10 ml (2 c. à thé) d'extrait de vanille

375 ml (1 ½ tasse) de crème 35%

COULIS DE BLEUETS

450 g (1 lb) de bleuets

60 ml (4 c. à soupe) de sucre

30 ml (2 c. à soupe) de Chicoutai

quelques bleuets sauvages frais

feuilles de menthe

❖ Tapisser de papier film un moule de 22 X 14 cm (9 X 5 po). Au mélangeur électrique, réduire les bleuets en purée puis ajouter 60 g (4 c. à soupe) de sucre. Passer au tamis fin. Verser dans une casserole 300 ml (1 ¼ tasse) de purée et réserver le reste pour le coulis. Faire réduire à feu doux en remuant sans cesse pour qu'il ne reste que 250 ml. Laisser refroidir dans un bol et ajouter le Chicoutai et le jus de citron. Réfrigérer.

❖ Dans un bol, mélanger le reste du sucre, l'eau et les jaunes d'oeufs. Placer le bol au-dessus d'un second bol rempli d'eau chaude et fouetter à la mixette jusqu'à ce que le thermomètre indique 140°F. Fouetter encore 3 minutes. Retirer le bol d'eau chaude et incorporer le chocolat fondu encore chaud et la vanille. Fouetter jusqu'à complet refroidissement. Fouetter la crème et l'incorporer graduellement à la mousse de chocolat. En prélever 330 ml et la combiner dans un bol à la purée de bleuets réduite. Verser dans le moule la moitié de mousse au chocolat blanc, couvrir de mousse aux bleuets et recouvrir du reste de mousse au chocolat blanc. Couvrir et garder au congélateur au moins 24 heures.

❖ Dans un mélangeur, réduire en purée les ingrédients du coulis. Incorporer le reste de la purée initiale et passer au tamis fin. Réserver. Démouler le parfait glacé, couper en tranches de 1 cm et servir avec le coulis. Garnir de bleuets sauvages et de feuilles de menthe.

Pour 8 à 10 personnes.

En haut, le parfait glacé au chocolat blanc; en bas, la tarte à la citrouille

Tarte à la Citrouille et aux Noix Caramélisées

PÂTE

375 ml (1 ½ tasse) de farine tout usage

sel

15 ml (1 c. à soupe) de noix en poudre

15 ml (1 c. à soupe) de sucre à fruits

125 g (½ tasse) de beurre doux en morceaux

60 ml (4 c. à soupe) d'eau froide

GARNITURE

3 oeufs

175 g (⅔ tasse) de sucre

500 ml (2 tasses) de purée de citrouille

2 ml (1 c. à café) de muscade

2 ml (1 c. à café) de gingembre moulu

2 ml (1 c. à café) de quatre-épices

sel

300 ml (1 ¼ tasse) de crème 35%

NOIX CARAMÉLISÉES

200 ml (¾ tasse) de cassonade

60 ml (4 c. à soupe) de beurre doux

30 ml (2 c. à soupe) de crème 35%

175 g (⅔ tasse) de noix hachées

125 ml (½ tasse) de noix coupées en deux

❖ PÂTE: Mélanger la farine, le sel, les noix et le sucre au robot. Ajouter le beurre et tourner pour le réduire en petits morceaux. Verser l'eau froide et mélanger une dernière fois pour obtenir une boule de pâte. Envelopper la pâte dans un papier film et réfrigérer 1 heure. Abaisser la pâte et foncer un moule à tarte à fond amovible de 25 cm (10 po). Retirer l'excès de pâte, presser pour la faire adhérer tout autour du moule et piquer le fond. Cuire à 450°F pendant 12 minutes.

❖ GARNITURE: Au mélangeur électrique, battre les oeufs et le sucre 4 minutes afin d'obtenir un mélange épais et pâle. Ajouter les autres ingrédients de la garniture et bien mélanger. Verser dans l'abaisse. Cuire au four 15 minutes à 375°F. Réduire la chaleur à 350°F et poursuivre la cuisson 40 minutes. Laisser refroidir à la température de la pièce.

❖ Mélanger la cassonade, le beurre, la crème et les noix hachées et étendre sur le dessus de la tarte. Décorer avec les demi-noix et faire dorer sous le gril pendant quelques minutes en surveillant la cuisson.

Pour 8 personnes.

Le Printemps

La terre sent l'humus. Les dernières franges de neige fondent dans les bois. La glace craque, s'étiole. La sève monte et coule dans les seaux. La fin de l'hiver, du long hiver, est arrivée.

Au calendrier, le printemps débute à l'équinoxe, en mars. Ici, devant l'hiver immense, il se fait discret, attend le cycle de la nouvelle lune pour vraiment s'affirmer. Et laisser rebourgeonner la vie.

«Quand la débâcle est arrivée, c'est le temps de *cabaner*», disaient les vieux sucriers beaucerons. Dans les érablières où la sève s'égoutte encore librement aux lèvres des chalumeaux, chaque entaille donne entre 450 et 900 grammes d'eau d'érable, à raison de 200 entailles à l'hectare. Après évaporation de l'eau, la sève renferme de deux à trois pour cent de sucre, y compris une faible proportion de matières minérales et organiques qui donnent au sirop, à la tire et au sucre d'érable leurs saveurs et arômes.

Adultes et enfants, venus de la ville ou des environs, ignorent ces données et goûtent à belle bouche les oeufs dans le sirop, le jambon parfumé à l'érable, les grands-pères bien sucrés, la tire étendue à grandes louches sur les bacs de neige. Ils se sentent libres, dégagés, comme ces oiseaux dans le ciel, merles, sizerins flammés, chardonnerets des pins, qui reviennent de leurs aires d'hivernage.

Pages précédentes: dans les premières montagnes derrière Québec, les fraîches feuilles du printemps étalent leur vert tendre auprès de la Jacques-Cartier.

Ci-dessous: dans une cabane à sucre fidèle à ses origines, Michel Gagnon de Saint-Bernard évalue, d'un oeil qui sait, le sirop qui coule en fumant.

Avril, l'hésitant avril, dure et dure. Engourdi par l'hiver, il s'éveille et se rendort par soubresauts. Le printemps tarde et retarde. Traqué par l'été qui vient, les jours qui allongent, il éclôt presque d'un coup. Ce sera en mai le temps des semailles. Et du potager: retourner une dernière fois la terre, planter les graines, désherber, dresser des tuteurs, cueillir d'abord les fines herbes, l'oseille, le persil, la ciboulette. Puis les épinards, concombres et radis et les premières tomates avant le solstice d'été. Voir les formes et couleurs s'épanouir.

Au printemps, les fleurs des vergers dansent sur les versants d'Oka et des Montérégiennes, sur les replats d'Huntingdon. Leur beauté éphémère, translucide, se gorge d'eau et de soleil. Leurs pétales s'en iront une à une, enfuies avec la brise. Et les fruits viendront dans quelques mois.

Les agneaux, les cochons de lait, les jeunes veaux qui tètent le pis des mères feront des plats de choix. Les poulains, déjà forts sur leurs jambes frêles, courent et sautent comme des chiens fous, des chiens luisants et aériens. Comme des chiens qui auraient appris à peindre chez Chagall et sauteraient dans le ciel rose par-dessus la lune, parmi les étoiles.

Quand la glace a *calé* dans les lacs, les pêcheurs partent à la rame, en canot, en embarcation à moteur, campent sur les berges, guettent les meilleurs rapides, les fonds caillouteux et les fosses plus profondes. Avec le printemps, les pêcheurs renaissent, leurs bras s'étirent. Leurs narines hument le vent. Un grand héron bleu, distant et débonnaire, vient parfois les regarder faire. Ou, d'un coup de bec, leur donner une leçon. La patience tient son moment.

L'été peut venir.

Le printemps de Philippe Laloux

Assister au printemps québécois, pour un cuisinier, est certainement l'un des temps forts d'une année de fourneaux. Alors que l'hiver lui impose rigueur et maîtrise, qu'il lui faut composer ses menus avec un éventail d'ingrédients relativement réduit, voici que le marché vire au jaune tendre, presque sans prévenir, le temps où la terre se remet à parler, où ça déborde, le temps peut-être où le talent intervient moins que le coeur.

Il faut alors, tous sens allumés, aller écouter les sous-bois, partir en reconnaissance en quelque sorte, vérifier l'état des lieux comme on le fait après une longue absence, se rouler dans la fraîcheur des champs pour en humer toutes les promesses, pour savoir comment sera le printemps des cuisines.

Je n'ai jamais pu cuisiner autrement que par les sens. Je dois probablement cette sorte d'intuition à une enfance passée dans les cuivres de mon père qui était artisan chocolatier. Impossible d'oublier l'atelier minuscule où il officiait jusque très tard le soir alors que je peinais sur mes devoirs d'école, pressé d'en finir pour aller le rejoindre et me gaver de perles noires sous le regard complice de mon sorcier de père. J'étais ainsi, au prix de quelques crises de foie, son goûteur, son apprenti, son laveur de vaisselle, mais surtout son confident et c'est au fond de ce petit atelier que j'allais découvrir le monde par le goût.

Autant que le lieu, j'en aimais l'accès. C'était une allée de lilas qui menait à l'arrière d'un jardin de broussailles, au détour duquel se trouvait l'endroit de tous les mystères. Les parfums subtils de ces arbres au printemps annonçaient et se mêlaient à l'odeur plus lourde du chocolat fondant et roulant sur les marbres. Caramels, vanille, noisettes grillées, crème de café

Ragoût d'écrevisses au gingembre (recette p. 90).

côtoyèrent mon enfance et je découvrais secrètement, sans le savoir même, le beau métier de cuire, qui s'apprend surtout par l'instinct et le voyage.

De la tendresse de mon père, je recevais ce présent: l'art d'identifier par l'odorat et le goût et de garder ce répertoire en mémoire afin de l'utiliser dans l'élaboration des recettes. Le chocolat, quant à lui, éveillait en moi le goût des voyages, des Tropiques, des belles différences. J'allais voir du pays. Après dix années passées dans les marmites de quelques grands chefs, je prenais le large, attiré par l'Orient d'abord, échouant à l'Ouest ensuite.

Je rencontrais ainsi le Québec, bardé de quelques clichés bien sentis, ignorant que j'allais y rester pour de nombreuses années et qu'aujourd'hui encore ce pays me surprendrait tous les jours. Que de belles folies ai-je rencontré sur ma route depuis. Ici un micro-boulanger livrant ses secrets au jour du hasard, là un éleveur qui prend soin de ses agneaux de prés-salés avec une rare tendresse, ici, toujours longeant le fleuve, un jardinier qui parle aux salades doucement comme on décline une prière, là encore une dame âgée, très digne, offrant son miel au passant comme un élixir, un remède, avec des mots simples, saturés d'amour.

Chaque homme est une île
Chaque île un trésor
Une terre d'exil
Un pays qui dort

Voilà, entre autres, ce qui retient au Québec, ce qui fait qu'on reste malgré l'hiver, à cause de ces îles que nous sommes, chacun de nous. Les recettes qui suivent se veulent le reflet d'une saison, rien de bien compliqué, juste quelques beaux hasards découverts par la pratique de ce geste quotidien, cuire, qui fait du besoin de se nourrir une oeuvre d'art.

Philippe Laloux

Les hors-d'oeuvre et les soupes

SAUCISSON DE POULET AU JAMBON FUMÉ

8 escalopes de 2 mm (⅛ po) de poitrines de poulet de grain

10 tranches de jambon prosciutto

2 litres (8 tasses) de bouillon de volaille

4 tomates séchées, marinées dans l'huile d'olive

50 g (2 oz) d'aubergines italiennes marinées

câpres

olives noires kalamata dénoyautées

❖ Rincer à l'eau froide un linge bien propre et l'étendre sur la table de travail. Porter à ébullition le bouillon de volaille dans un récipient assez large pour accueillir la ballottine (saucisson dans son linge). Égoutter ensemble les tomates séchées, les aubergines, les câpres et les olives. Hacher grossièrement et réserver.

❖ Placer les escalopes côte à côte sur le linge, en laissant le moins d'espace possible entre chacune d'elles. Déposer ensuite les tranches de jambon. Placer les légumes sur le sens de la longueur et rouler le tout en saucisson. Nouer le saucisson dans son linge à l'aide de ficelles. Réduire le feu du bouillon pour qu'il frémisse et y plonger la ballottine. Cuire 20 minutes. Retirer et laisser refroidir. Tailler en rouelles régulières. Servir tiède.

DONNE 20 PIÈCES.

POMMES DE TERRE NOUVELLES AU FOUR

20 petites pommes de terre nouvelles

25 g (2 c. à soupe) de beurre

sel de mer, poivre du moulin

1 noix de muscade râpée

quelques brins de ciboulette

4-5 tranches de saumon fumé doux

45 g (3 c. à soupe) d'un mélange de romano et de parmesan

❖ Cuire les pommes de terre à la vapeur. Trancher en deux et vider le centre à l'aide d'une cuillère parisienne. Cuire la chair à feu doux, avec le beurre, le sel, le poivre, la muscade et la ciboulette ciselée. Écraser à la fourchette et retirer du feu.

❖ Déposer le saumon fumé au fond de chaque demi-pomme de terre creuse. Couvrir généreusement de purée. Saupoudrer de fromage et faire dorer sous le gril. Éteindre le four et laisser les pommes de terre cuire encore 10 minutes. Garder au chaud durant le service.

DONNE 40 MORCEAUX.

À gauche, le saucisson de poulet au jambon fumé;
à droite, les pommes de terre nouvelles au four

*À gauche, les mini-feuilletés aux poireaux;
à droite, les crêpes au saumon fumé*

MINI-FEUILLETÉS AUX POIREAUX

2 poireaux moyens

1 noix de beurre

125 ml (½ tasse) de crème 35%

2 crottins de Chavignol (ou autre fromage de chèvre)

1 pincée de farine

200 g (½ lb) de pâte feuilletée

sel et poivre du moulin

❖ Laver et émincer les blancs de poireaux. Dans un poêlon, faire fondre le beurre et suer les poireaux à feu doux pendant quelques minutes. Mouiller avec la crème. Incorporer ensuite l'un des crottins émiettés, ainsi que la pincée de farine. Saler et poivrer. Laisser mijoter à feu doux pendant 15 minutes, en remuant de temps en temps.

❖ Abaisser la pâte feuilletée à 2 mm. Découper 20 disques de 5 cm (2 po) et les déposer sur une plaque. Piquer le fond à l'aide d'une fourchette. Déposer sur chacun d'eux le mélange de poireaux. Couronner chaque mini-feuilleté d'un morceau du deuxième crottin et cuire au four 7 à 8 minutes à 400°F. Réduire la chaleur à 325°F, et poursuivre la cuisson encore 10 minutes. Servir tiède.

DONNE 20 MORCEAUX.

CRÊPES AU SAUMON FUMÉ

PÂTE À CRÊPE:

2 oeufs entiers

75 g (⅔ tasse) de farine

30 g (2 c. à soupe) de beurre fondu

1 pincée de sel

250 ml (1 tasse) de lait

quelques brins d'aneth frais

GARNITURE:

250 g (8 oz) de fromage à la crème

125 ml (½ tasse) de crème 35%

10 tranches de saumon fumé doux

quelques brins d'aneth

❖ Battre énergiquement les oeufs, la farine, le beurre et le sel. Ajouter le lait petit à petit afin de détendre la pâte. Assaisonner d'aneth ciselé. Dans une poêle en téflon carrée, cuire les crêpes à feu moyen. Pour obtenir des crêpes ultra-fines, recouvrir tout le fond de la poêle avec le moins de pâte possible.

❖ Mélanger au robot le fromage et la crème. Étendre les crêpes et les tartiner finement de fromage. Déposer ensuite les tranches de saumon et rouler les crêpes en cylindres. Réfrigérer 30 minutes. Découper les crêpes en tronçons de 2 à 3 cm. Laisser tempérer avant de servir et enjoliver d'un plumet d'aneth.

DONNE 40 PIÈCES.

CRÈME D'ASPERGE AU FROMAGE DE CHÈVRE

1 gros poireau

200 g (7 oz) de pommes de terre

1 gros oignon

1 pied de brocoli

2 bottes d'asperges

4 litres (16 tasses) de bouillon de volaille

sel de mer et poivre du moulin

250 g (½ lb) de fromage de chèvre frais

1 botte de basilic

375 ml (1 ½ tasse) de crème 35%

❖ Peler et couper les légumes en morceaux. Mélanger ensemble le poireau, les pommes de terre, l'oignon, le brocoli, les asperges, le bouillon de volaille, le sel et le poivre et cuire 45 minutes à feu moyen. Mélanger au robot le fromage, le basilic ainsi que les légumes encore chauds. Passer au chinois et incorporer la crème. Réchauffer avant de servir.

❖ On peut aussi confectionner de petits croûtons que l'on déposera encore chauds à la surface du potage: tartiner de fromage de chèvre quelques tranches de pain, couper en dés et griller au four.

POUR 10 PERSONNES.

CONSOMMÉ DE POISSON À LA CITRONNELLE

2 kg de têtes de poisson (turbot, sole de douvre, barbue, bar, etc.)

quelques coffres de homards

3 oignons moyens

5 carottes

1 pied de céleri

1 gousse d'ail

1 bouquet garni (persil, thym, laurier)

1 pied de citronnelle asiatique

370 ml (13 oz) de pâte de tomates

12 blancs d'oeufs

1 poireau

3 poivrons rouges

2 courgettes moyennes

3 tomates

❖ Recouvrir d'eau froide les têtes de poisson pendant 30 minutes afin de les faire dégorger. Les plonger dans une marmite d'eau salée et modérément poivrée. Porter à ébullition, écumer et incorporer les oignons, la moitié des carottes, 3-4 branches de céleri, l'ail, le bouquet garni et le bout du pied de citronnelle (partie rigide). Cuire à faible ébullition pendant 1 heure.

❖ Mélanger aux blancs d'oeufs la pâte de tomates, la moitié du blanc de poireau, le reste des carottes, 1 poivron rouge et 2 branches de céleri. Fouetter énergiquement pendant 2 minutes et verser d'un seul coup dans le bouillon de poissons. Remuer pour bien diluer. Cuire 1 heure à feu très doux. Passer ensuite le consommé au chinois recouvert d'un linge de coton.

❖ Confectionner un «nouet» en insérant dans un carré de coton blanc la citronnelle finement émincée. Placer le nouet dans le consommé et reporter à faible ébullition. Couper en petits dés les courgettes, le reste des poivrons et l'autre moitié du poireau. Incorporer au consommé et cuire 2 à 3 minutes. Au moment de servir, ajouter les tomates pelées, épépinées et coupées en petits dés ainsi que quelques feuilles de coeur de céleri.

❖ FACULTATIF: pour une entrée plus substantielle, ajouter au consommé des nouilles de sarrasin ou cuire quelques morceaux de poisson 3 à 4 minutes selon la grosseur.

POUR 10 PERSONNES.

SOUPE DE CONCOMBRE À LA MENTHE

5 concombres anglais, pelés et grossièrement hachés

125 ml (½ tasse) d'huile d'olive

jus de 2 citrons verts

quelques feuilles de menthe

125 g (3 ½ oz) de piments forts jalapeno, coupés en dés

500 ml (2 tasses) de consommé de boeuf ou de volaille

sel, poivre noir

❖ Mélanger les concombres, l'huile d'olive, le jus de citron, la menthe et les piments forts. Saler et poivrer. Laisser macérer pendant 2 heures. Passer au mélangeur puis au chinois. Allonger la préparation avec le consommé jusqu'à l'obtention d'une crème onctueuse. Réserver au frais.

POUR 8 PERSONNES.

En haut, la soupe de concombre à la menthe; au centre, le consommé de poisson à la citronnelle; en bas, la crème d'asperge au fromage de chèvre

À gauche, la crème d'amande au cresson; à droite, le velouté à l'ail des bois

Velouté à l'ail des bois

1 kg (2 lb) d'os de veau (genou de préférence)

1 oignon émincé

2 carottes tranchées

2 branches de céleri tranchées

1 bouquet garni (thym, feuille de laurier et persil)

2 kg (4½ lb) de tomates pelées et épépinées, coupées en dés

250 ml (1 tasse) de crème 35%

4 bottes d'ail des bois

25 g (1 ½ c. à soupe) de beurre fondu

25 g (¼ tasse) de farine

croûtons

❖ Fond de veau: Faire colorer les os au four (400°F) dans un récipient creux. Ajouter les oignons, les carottes, le céleri et le bouquet garni et cuire encore 20 minutes. Retirer du four. Verser le tout dans une marmite avec les tomates et couvrir tout juste d'eau. Cuire 3 heures sur le feu à faibles bouillons. Réaliser un roux en combinant le beurre fondu et la farine. Délayer avec un peu de bouillon et verser dans la marmite. Bien lier. Passer le bouillon au chinois.

❖ Prélever 250 ml (1 tasse) de fond de veau. Y faire cuire l'ail des bois jusqu'à ce qu'il soit tendre. Tamiser ensuite au-dessus de la première marmite, en pressant bien l'ail au fond du tamis afin d'obtenir une sorte de purée. Tartiner les croûtons de purée d'ail et garder au chaud. Incorporer la crème au fond de veau et laisser bouillir 3 à 4 minutes. Garnir de croûtons, de gousses d'ail cuites et de thym frais.

Pour 8 personnes.

Crème d'amande au cresson

5 pommes de terre moyennes

2 litres (8 tasses) de bouillon de volaille

200 g (7 oz) d'amandes moulues

2 bottes de cresson

250 ml (1 tasse) de crème 35%

125 g (4 oz) de pignons de pin grillés

❖ Peler et couper les pommes de terre en cubes. Cuire dans le bouillon pendant 45 minutes. Dorer les amandes moulues au four, puis verser dans le bouillon. Laver et équeuter le cresson et le déposer au fond du mélangeur. Recouvrir de la crème et du bouillon encore chaud. Mélanger. Passer au chinois fin et réchauffer avant de servir. Parsemer de pignons de pin hachés.

Pour 8 personnes.

ᴥ *Les entrées* ᴥ

GÂTEAU AUX AUBERGINES ET AUX COURGETTES

2 grosses aubergines

4 courgettes moyennes

2 gousses d'ail

125 ml (½ tasse) d'huile d'olive

1 botte de basilic frais

300 g (10 oz) de fromage de chèvre

sel marin et poivre du moulin

❖ Peler les légumes et réserver les pelures. Emballer chaque légume individuellement dans une feuille de papier d'aluminium et cuire 45 minutes à 375°F. Pendant ce temps, couper les pelures en bandelettes de 10 cm environ. Les blanchir et les disposer au fond d'un moule à manqué* huilé, en alternant les couleurs.

❖ Hacher l'ail finement et mariner dans l'huile d'olive avec le basilic émincé. Sortir les légumes du four et les déballer. Bien égoutter pour faire sortir l'eau. Hacher grossièrement et verser dans la marinade d'ail. Verser le tout dans une casserole et cuire à feu vif en remuant vivement, afin de bien sécher la pulpe des légumes. Retirer du feu.

❖ Incorporer le fromage de chèvre émietté et mélanger jusqu'à l'obtention d'une purée lisse. Verser dans le moule et réfrigérer 3 heures. Démouler dans un plat froid. Servir avec une baguette grillée arrosée d'huile d'olive et de coulis de tomates*.

POUR 6 PERSONNES.

*VOIR GLOSSAIRE

Le gâteau aux aubergines et aux courgettes accompagné d'un coulis de tomate

ASPERGES TIÈDES AU HOMARD CONCASSÉ

15 ml (1 c. à soupe) de moutarde forte

125 ml (½ tasse) de crème 35%

60 ml (¼ tasse) d'huile de sésame

poivre de cayenne, sel

3 bottes d'asperges pelées

300 g (10 oz) de chair de homard coupée en petits cubes

graines de sésame

sel de mer

❖ Dans un bol, délayer la moutarde avec la crème. Incorporer peu à peu l'huile de sésame. Assaisonner de sel et de poivre de cayenne.

❖ Plonger les asperges dans 5 litres d'eau bouillante salée et cuire environ 5 minutes pour qu'elles soient souples mais croquantes. Napper le fond des assiettes de vinaigrette et y déposer les asperges chaudes. Décorer joliment avec les dés de homard.

❖ Confectionner un gomashio en rôtissant ensemble les graines de sésame et le sel de mer au four. Pulvériser au mortier et en saupoudrer le homard.

POUR 6 PERSONNES.

COUSCOUS EN SALADE PRINTANIÈRE

500 g (1 lb) de couscous cuit

2 branches de céleri

1 poivron rouge

1 gousse d'ail

1 tomate pelée et épépinée

quelques feuilles de coriandre

150 g (6 oz) de poulet cuit désossé

250 ml (1 tasse) d'huile d'olive

jus de 2 citrons

1 concombre pelé

❖ Placer le couscous dans un bol à salade. Hacher finement le céleri, le poivron, l'ail, la tomate et la coriandre et incorporer au couscous. Ajouter ensuite le poulet émincé. Assaisonner d'huile d'olive et de jus de citron au goût et laisser macérer 30 minutes à l'air ambiant. Émincer le concombre en fines rondelles transparentes et encouronner le creux de chaque assiette. Y déposer délicatement la salade de couscous. Décorer de quartiers de lime et de dés de tomates.

POUR 6 PERSONNES.

*En haut, le saumon mariné au sirop d'érable (recette p. 88);
à gauche, le couscous en salade printanière;
à droite, les asperges au homard concassé*

FEUILLETÉS
DE LANGUES D'AGNEAU

6 langues d'agneau

2 litres (8 tasses) de bouillon de volaille corsé

100 g (3 ½ oz) de salsifis pelés

jus d'un demi-citron

250 ml (1 tasse) de crème 35%

quelques brins de romarin frais

6 feuilletés cuits, de 10 cm X 10 cm (4 po)

quelques feuilles d'épinards frais

100 g (3 ½ oz) d'asperges pelées et cuites (tendres)

sel, poivre de cayenne

❖ Cuire les langues d'agneau 45 minutes dans le bouillon corsé. Retirer aussitôt la peau des langues pendant qu'elles sont chaudes. Garder le bouillon en ébullition et ajouter les salsifis et le jus de citron. Cuire environ 12 minutes ou jusqu'à ce que les salsifis soient fondants. Incorporer la crème. Prélever quelques salsifis pour la décoration finale. Faire réduire le bouillon de moitié. Passer au mélangeur et tamiser. Hacher finement le romarin et laisser infuser dans le bouillon.

❖ Couper les feuilletés en deux sur le sens de la hauteur et tapisser les 6 fonds de quelques feuilles d'épinards crues. Déposer ensuite les langues d'agneau émincées et couvrir d'une feuille de papier d'aluminium beurrée. Réchauffer sous le gril juste avant de servir et placer sur des assiettes individuelles. Réchauffer le bouillon et y incorporer au dernier moment les pointes d'asperges et le salsifis. En napper les demi-feuilletés chauds et chapeauter des 6 couvercles.

POUR 6 PERSONNES.

SAUMON MARINÉ
AU SIROP D'ÉRABLE

½ saumon de l'Atlantique (filets et peau)

1 pot d'herbes salées, égouttées

1 botte de fenouil

500 ml (2 tasses) de sirop d'érable

poivre noir

❖ Étendre le saumon sur une plaque de verre ou de plastique creuse, côté peau en dessous. Tartiner généreusement d'herbes salées et de fenouil. Arroser de sirop d'érable. (Si le sirop est trop liquide, le réduire de moitié à feu vif.) Poivrer et laisser macérer 24 heures. Couper le saumon en fines tranches et servir sur des assiettes froides. *Photo p. 86*

POUR 6 PERSONNES.

TERRINE DE RIS DE VEAU
AUX LÉGUMES

300 g (10 oz) de grosses noix de ris de veau

1 oignon émincé

2 carottes tranchées

2 branches de céleri tranchées

15 ml (1 c. à soupe) d'huile d'olive

bouillon de volaille

5 jeunes carottes équeutées et pelées

5 jeunes panais équeutés et pelés

150 g (5 oz) de shiitake frais

10 morceaux de tomates séchées marinées

600 g (1 ¼ lb) de chair de poulet cru

1 oeuf

250 ml (1 tasse) de crème 35%

cumin, curry, curcuma, gingembre, sel et poivre noir au goût

30 g (2 c. à soupe) de thym frais émincé

❖ Faire dégorger les ris de veau dans l'eau salée pendant 1 heure. Dans une casserole à fond épais, blondir les légumes dans l'huile d'olive. Incorporer les ris de veau et couvrir de bouillon. Saler, poivrer et laisser frémir 30 minutes sans jamais bouillir. Retirer les ris du bouillon de volaille et nettoyer. Découper en gros cubes. Faire revenir les shiitake quelques minutes dans un peu de beurre.

❖ Dans le jus de cuisson des ris, cuire les carottes et les panais entiers pour qu'ils deviennent fondants. Ajouter ensuite les shiitake et les tomates séchées et cuire encore quelques minutes. Égoutter et réserver.

❖ Passer au robot la chair de poulet et l'oeuf en incorporant la crème peu à peu. Cette opération suppose que les ingrédients soient bien froids. Épicer au goût. Prélever les shiitake et les tomates et les incorporer à la farce.

❖ Monter la terrine en alternant la farce de poulet, les ris de veau et le fondant de légumes. Garnir de thym frais. Placer la terrine dans une lèchefrite d'eau chaude, couvrir de papier d'aluminium et cuire au four pendant 1 heure à 350°F. Servir tiède avec une salade de mâche à l'huile de noix.

POUR 10 PERSONNES.

* VOIR GLOSSAIRE

À gauche, la terrine de ris de veau aux légumes; à droite, le feuilleté de langues d'agneau

Les ravioli de pétoncles et de poireau

RAVIOLI DE PÉTONCLES ET DE POIREAU

12 gros pétoncles

15 g (1 c. à soupe) de beurre

1 poireau

1 paquet de pâte à won ton

1 poivron rouge

1 poivron vert

1 poivron jaune ou orange

15 ml (1 c. à soupe) d'huile de sésame

24 belles feuilles d'épinards

quelques graines de sésame

jus de 1 citron vert

quelques brins de ciboulette

sel de mer, poivre du moulin

❖ Couper les pétoncles en deux. Dans un poêlon, faire fondre le beurre et suer le blanc de poireau finement émincé. Étendre les won ton sur un plan de travail et les badigeonner d'un peu d'eau ou de blanc d'oeuf avec un pinceau. Déposer au centre d'un won ton la fondue de poireau et une moitié de pétoncle. Saler et poivrer. Refermer à l'aide d'un autre won ton. Presser les bords pour bien sceller.

❖ Couper les poivrons en brunoise, c'est-à-dire le plus finement possible, et faire suer à l'huile de sésame. Cuire les ravioli à grande eau salée pendant environ 1 minute et demie. Disposer au fond de chaque assiette quelques feuilles d'épinards et y coucher les ravioli. Napper de la brunoise de poivrons. Parsemer de graines de sésame, de quelques gouttes de jus de citron et de ciboulette finement ciselée.

POUR 6 PERSONNES.

RAGOÛT D'ÉCREVISSES AU GINGEMBRE

500 ml (2 tasses) de sauternes (ou autre vin liquoreux)

50 g (2 oz) de gingembre frais en julienne

250 g (1 tasse) de beurre doux

36 queues d'écrevisses décortiquées

quelques feuilles d'épinards frais

quelques brins de cerfeuil hachés

❖ Réduire des ⅔ le vin et le gingembre à feu vif. Monter au beurre en remuant constamment la casserole en sens circulaire. Retirer du feu et y jeter les queues d'écrevisses. Laisser infuser une vingtaine de minutes.

❖ Cuire les épinards à la vapeur et les disposer au fond d'assiettes chaudes. Napper délicatement de ragoût d'écrevisses. Parsemer le ragoût de cerfeuil haché. Accompagner éventuellement d'un fleuron de pâte feuilletée. *Photo p. 78*

POUR 6 PERSONNES.

～ *Les plats principaux* ～

BAR RAYÉ AU FENOUIL CONFIT

3 bars moyens écaillés et évidés

3 oignons

2 branches de céleri

thym frais

pistils de safran

sel de mer, poivre noir

3 bulbes de fenouil

250 g (1 tasse) de beurre doux

3 jaunes d'oeufs

poivre de cayenne, sel fin

❖ Demander au poissonnier de couper les poissons en filets. Conserver les têtes et les arêtes. Faire revenir les carcasses au beurre avec les oignons, le céleri, le thym, le safran, le sel et le poivre. Couvrir d'eau et porter à ébullition. Retirer des bulbes de fenouil leurs fines tiges vertes et les conserver. Plonger les bulbes dans le fond de poisson et laisser confire 1 heure à faibles bouillons.

❖ Égoutter le fenouil et couper en tranches de 2 cm (1 po) d'épaisseur. Blondir à la poêle avec 50 g (3 c. à soupe) de beurre. Réserver au chaud sur une plaque allant au four. Hacher les tiges vertes du fenouil et en garnir les filets, côté chair. Saler et poivrer. Dans une poêle en téflon très chaude, saisir les filets 5 à 6 minutes côté peau. Retourner et cuire 1 minute côté chair. Déposer sur la plaque avec le fenouil, couvrir de papier d'aluminium et réchauffer l'ensemble au four.

❖ À feu doux, fouetter ensemble les jaunes d'oeufs et 250 ml (1 tasse) de fond de poisson jusqu'à allégement. Incorporer doucement le reste du beurre préalablement fondu. Assaisonner de sel et de poivre de cayenne. Couvrir le fond de chaque assiette de sauce au poisson et y déposer les filets et le fenouil. Garnir de plumets d'aneth ou de fenouil.

POUR 6 PERSONNES.

Le bar rayé au fenouil confit

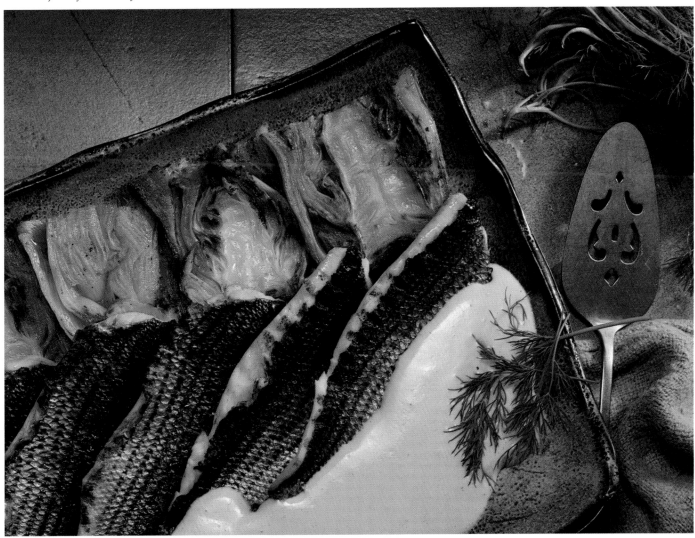

SALADE D'ESTURGEON FUMÉ

250 g (½ lb) de champignons des bois

1 bouquet de persil plat italien

quelques feuilles de laitue frisée

125 ml (½ tasse) d'huile d'olive

15 ml (1 c. à soupe) de vinaigre balsamique

300 g (10 oz) d'esturgeon fumé tranché

poivre noir, sel de mer

❖ Dans un poêlon, dorer les champignons dans un peu d'huile d'olive. Ajouter le persil plat équeuté. Bien colorer. Aromatiser les feuilles de laitue d'une vinaigrette composée d'huile d'olive, de vinaigre, de sel et de poivre. Incorporer les tranches d'esturgeon. Dresser la salade dans des assiettes creuses et garnir de la poêlée de champignons.

POUR 4 PERSONNES.

MORUE À LA VAPEUR D'ALGUE

1 kg (2 lb) de filets de morue fraîche

poivre rose, sel de mer

2 kg (4½ lb) d'algues (varech)

3 tomates mûres pelées

2 kg (4½ lb) d'oignons pelés et émincés

15 g (1 c. à soupe) de beurre doux

1 botte de coriandre hachée

15 ml (1 c. à soupe) de sirop d'érable

125 ml (½ tasse) de crème 35%, style Orléans

❖ Écraser le poivre et le sel et assaisonner les filets de morue. Réserver.

❖ Blondir les oignons à la poêle dans un peu de beurre jusqu'à ce qu'ils caramélisent. Incorporer la coriandre hachée et le sirop d'érable. Trancher les tomates et les déposer, légèrement salées, au fond des assiettes.

❖ Déposer les algues au fond d'une casserole, couvrir d'eau et amener à ébullition. Laisser bouillonner 2 minutes. Cuire les filets de morue à la vapeur d'algues pendant 3 minutes dans une marguerite ou une couscoussière. Verser la crème sur les tomates et y coucher les filets de morue. Accompagner de compote d'oignons.

POUR 6 PERSONNES.

À gauche, la salade d'esturgeon fumé;
au centre, la morue à la vapeur d'algue et
compote d'oignons; à droite, le doré
cuit vapeur tartiné d'épices (recette p. 94)

SAUMON GRILLÉ AUX SALSIFIS

6 morceaux de filets de saumon avec la peau

2 bottes de salsifis

500 ml (2 tasses) de fond de poisson*

250 ml (1 tasse) de crème 35%

150 g (⅔ tasse) de beurre

quelques pistils de safran

4 patates douces

quelques brins de romarin

sel, poivre du moulin

❖ Peler et couper les salsifis en longs bâtonnets de 15 cm (6 po). Cuire dans le fond de poisson jusqu'à consistance moelleuse, environ 12 minutes. Incorporer la crème et laisser réduire encore 5 minutes. Prélever la moitié des salsifis et réserver. Passer la crème de salsifis au mélangeur, remettre sur le feu et monter avec 100 g (7 c. à soupe) de beurre. Assaisonner de safran et de sel. Remettre les salsifis prélevés dans la crème.

❖ Peler et émincer les patates douces en fines rondelles et les disposer sur une plaque à pâtisserie beurrée. Assaisonner et cuire au four 20 minutes à 375°F. Dans une poêle en téflon très chaude, saisir le saumon 3 à 4 minutes côté peau. Retourner et cuire 1 minute côté chair. Disposer les patates en éventail au fond de chaque assiette. Verser au centre la crème de salsifis et y déposer le saumon. Parsemer de romarin frais. Accompagner de riz basmati.

POUR 6 PERSONNES.

*VOIR GLOSSAIRE

LOTTE RÔTIE AUX ENDIVES ET AUX TÊTES DE VIOLON

6 petits gigotins de lotte (extrémité de la queue)

300 g (10 oz) de têtes de violon

4 échalotes françaises, hachées finement

6 endives

75 g (6 c. à soupe) de beurre

muscade moulue

2 gousses d'ail

2 verres de vin rouge (Côtes-du-Rhône)

quelques branches de thym frais

1 litre (4 tasses) de fond de veau*

100 g (3 ½ oz) de moelle de boeuf

100 g (⅓ tasse) de beurre

farine

sel de mer, poivre noir

❖ Nettoyer et retirer la peau des gigotins de lotte. Blanchir les têtes de violon 30 secondes dans l'eau bouillante. Dans une petite casserole, couvrir les endives d'eau froide. Ajouter 50 g (3 c. à soupe) de beurre, la muscade et les gousses d'ail non pelées coupées en deux. Saler, poivrer et cuire 25 minutes à feu doux. Égoutter et trancher les endives en deux sur le sens de la longueur. Dorer ensuite dans un poêlon avec le reste du beurre. Réserver.

❖ Combiner le vin rouge avec la moitié des échalotes et le thym frais. Faire réduire de moitié. Mouiller de fond de veau et faire réduire une deuxième fois jusqu'à ce que la sauce épaississe.

❖ Trancher la moelle et la faire dégorger à l'eau salée. Blanchir ensuite quelques secondes dans l'eau bouillante afin qu'elle ramollisse. Faire suer le reste des échalotes au beurre et ajouter les têtes de violon. Assaisonner.

❖ Enfariner les lottes et blondir à la poêle 5 à 6 minutes. Poursuivre la cuisson au four 5 minutes à 350°F. Disposer les endives sur un plat de service et napper d'un peu de sauce au vin. Placer ensuite les gigotins de lotte et entourer de têtes de violon. Décorer de croûtons tartinés de moelle et napper du reste de la sauce.

POUR 6 PERSONNES.

*VOIR GLOSSAIRE

DORÉ CUIT VAPEUR, TARTINÉ D'ÉPICES

125 ml (½ tasse) de garam masala en conserve

250 ml (1 tasse) d'huile d'olive

jus de 1 citron

1 botte de coriandre hachée

quelques légumes de saison (carottes, céleri, poireaux, etc.)

500 g (1 lb) de tagliatelle multicolores

6 filets de doré sans la peau

chapelure

❖ Détendre le garam masala avec un peu d'huile d'olive, de jus de citron et de coriandre hachée. Couper les légumes de la dimension des tagliatelle et les plonger dans une casserole d'eau bouillante avec les pâtes. Cuire environ 8 minutes. Égoutter et parfumer d'huile d'olive.

❖ Cuire les filets de poisson à la vapeur pendant 5 minutes. Déposer ensuite sur une plaque allant au four et tartiner de garam masala. Saupoudrer de chapelure et gratiner sous le gril. Disposer les filets de doré dans les assiettes et accompagner de tagliatelle multicolores .

Photo p. 93

POUR 6 PERSONNES.

En haut, la lotte rôtie aux endives et aux têtes de violon; en bas, le saumon grillé aux salsifis

POT-AU-FEU DU FLEUVE

1 poivron rouge

300 g (10 oz) de gourganes

1 pied de brocoli coupé en petits bouquets

100 g (3 ½ oz) de grains de maïs

1 litre (4 tasses) de fumet de poisson

500 ml (2 tasses) de bière artisanale

200 g (¾ tasse) de beurre

1 botte d'estragon haché

1,5 kg (3 lb) de poissons mi-salés (sébastes, esturgeons, éperlans, etc.)

❖ Couper le poivron et les gourganes de la dimension des bouquets de brocoli. Faire colorer dans un peu de beurre avec le maïs et réserver. Faire réduire ensemble le fumet et la bière afin qu'il ne reste environ que 250 ml. Monter au beurre en remuant continuellement. Y faire infuser l'estragon pendant quelques minutes. Cuire les poissons à la vapeur. Coucher les filets au centre du plat de service et entourer de sauce à l'estragon et de légumes.

POUR 6 PERSONNES.

Le pot-au-feu du fleuve

DAURADE À L'HUILE DE CURRY LÉGER

2 pommes Granny Smith

jus de 1 citron

2 tomates

250 ml (1 tasse) d'huile d'olive

curry léger, au goût

2 bulbes de fenouil

sel de mer

quelques feuilles de menthe

6 filets de daurade royale

❖ Peler les pommes et couper en petits dés. Asperger de jus de citron et réserver dans un bol. Peler et couper les tomates de la même façon et réserver avec les pommes. Couvrir d'huile d'olive et parfumer de curry léger et de sel de mer. Laisser macérer 30 minutes.
❖ Émincer finement le fenouil et faire dégorger quelques minutes dans un bol d'eau salée. Égoutter et disposer harmonieusement le fenouil dans le creux des assiettes. Parsemer de menthe ciselée. Cuire les filets de daurade à la vapeur pendant 5 à 7 minutes. Les déposer sur le lit de fenouil et napper d'huile de curry.

POUR 6 PERSONNES.

À gauche la daurade à l'huile de curry léger; à droite, la truite en laitue, beurre de ciboulette

TRUITE EN LAITUE, BEURRE DE CIBOULETTE

12 feuilles de laitue

6 filets de truite

4 échalotes françaises

500 ml (2 tasses) de vin blanc sec

3 carottes moyennes

2 branches de céleri

1 giclée de vinaigre de vin rouge

250 g (1 tasse) de beurre doux

quelques brins de ciboulette

❖ Cuire les feuilles de laitue à la vapeur et en emballer les filets de poisson assaisonnés. Beurrer généreusement un plat creux allant au four. Tapisser le fond d'échalotes hachées et y déposer les baluchons de poisson. Mouiller de vin blanc et couvrir d'une feuille de papier d'aluminium beurrée. Cuire au four 10 minutes à 450°F.

❖ Retirer du four et verser le jus de cuisson dans une casserole. Ajouter les carottes et le céleri coupés en brunoise ainsi que la giclée de vinaigre. Faire réduire des ⅔ à feu vif. Incorporer le beurre peu à peu en remuant constamment la casserole en sens circulaire. Rectifier l'assaisonnement et ajouter la ciboulette hachée. Verser le beurre de légumes au creux des assiettes chaudes et y déposer les baluchons de poisson. Accompagner de pommes vapeur.

POUR 6 PERSONNES.

RIS ET ROGNON DE VEAU AU VINAIGRE DE CIDRE

500 g (1 lb) de ris de veau

1 oignon émincé

2 carottes tranchées

2 branches de céleri tranchées

15 ml (1 c. à soupe) d'huile d'olive

bouillon de volaille

4 échalotes françaises hachées

60 ml (¼ tasse) de vinaigre de cidre

500 ml (2 tasses) de fond de veau*

100 g (⅓ tasse) de beurre

500 g (1 lb) de rognons de veau dénervés

2 pommes Granny Smith en quartiers

1 botte d'épinards

❖ Faire dégorger les ris de veau dans l'eau salée pendant 1 heure. Dans une casserole à fond épais, blondir les légumes dans l'huile d'olive. Incorporer les ris de veau et couvrir de bouillon. Saler, poivrer et laisser frémir 30 minutes sans jamais bouillir. Retirer les ris du bouillon de volaille et nettoyer. Découper en gros cubes.

❖ Faire réduire le vinaigre de cidre et les échalotes jusqu'à ce qu'il ne reste que 15 ml (1 c. à soupe). Mouiller avec le fond de veau et réduire jusqu'à consistance épaisse. Ciseler la citronnelle et l'infuser dans la sauce. Monter au beurre en remuant continuellement et réserver au chaud.

❖ Poêler les ris et les rognons de veau quelques minutes; les rognons doivent conserver leur couleur rosée. Dans un autre poêlon, faire revenir les pommes au beurre. Ajouter les épinards équeutés et cuire quelques secondes seulement. Dans chaque assiette, déposer un nid d'épinards et les pommes en quartiers. Entourer de morceaux de ris et de rognons de veau en les alternant. Napper de sauce. Servir avec des pommes de terre sautées au beurre.

POUR 6 PERSONNES.

*VOIR GLOSSAIRE

LONGES DE VEAU À LA CRÈME DE BASILIC

600 g (1 ¼ lb) de longes de veau

3 poivrons rouges

huile d'olive

1 gousse d'ail

sel marin, poivre noir

500 ml (2 tasses) de fond de veau blanc*

3 bottes d'asperges

125 ml (½ tasse) de crème 35%

200 g (7 oz) de fromage de chèvre

2 bottes de basilic

30 g (2 c. à soupe) de beurre

❖ Assaisonner les longes de veau et rôtir au four 15 minutes à 400°F. Trancher les poivrons en quatre, nettoyer et badigeonner l'intérieur d'huile d'olive et d'ail écrasé. Cuire au four à 400°F, côté peau en dessous pendant 5 minutes. Retirer du four et ôter la peau encore tiède. Saler et poivrer.

❖ Faire réduire le fond de veau à feu vif et y plonger les asperges pelées. Cuire 5 minutes et égoutter. Couper les pointes à 20 cm (8 po) de longueur et remettre les queues dans le fond de veau. Réduire encore de moitié, verser la crème et faire bouillonner quelques secondes. Passer au mélangeur la crème d'asperges, le fromage et le basilic en incorporant le beurre petit à petit. Passer au chinois. Découper le veau en fines tranches et napper de crème d'asperges. Décorer de poivrons rouges et de pointes d'asperges.

POUR 6 PERSONNES.

*VOIR GLOSSAIRE

Sélection d'huiles et de vinaigres du Québec, aromatisés aux herbes, aux fleurs ou aux fruits de chez nous.

À gauche, les ris et rognons de veau au vinaigre de cidre; à droite, les longes de veau à la crème de basilic

RÂBLES DE LAPEREAU AU CITRON ET À LA SAUGE

1 céleri-rave

3 courgettes moyennes

500 ml (2 tasses) de fond de lapin ou de volaille*

15 g (1 c. à soupe) de cassonade

jus de 2 citrons

125 ml (½ tasse) de crème 35%

250 g (1 tasse) de beurre doux

quelques feuilles de sauge

12 filets de lapereau

❖ Couper le céleri-rave en dés de 1 cm et blanchir à l'eau citronnée. Couper les courgettes de la même façon et réserver. Incorporer au fond de lapin la cassonade et le jus des citrons et faire réduire des ⅔. Verser la crème, faire réduire 5 minutes et monter au beurre en remuant continuellement. Ciseler la sauge et la faire infuser dans la sauce 10 minutes.

❖ Dans un poêlon, cuire les filets de lapereau dans un peu de beurre pendant 5 minutes. Retirer et colorer ensuite les courgettes quelques minutes, puis le céleri-rave. Faire caraméliser légèrement.

❖ Dans des assiettes chaudes, dresser deux râbles de lapereau en «V» et déposer au centre le sauté de légumes. Napper de beurre à la sauce et servir avec des pommes de terre gratinées.

POUR 6 PERSONNES.
*VOIR GLOSSAIRE

Les râbles de lapereau au citron et à la sauge

Le foie de veau aux baies de genévrier

FOIE DE VEAU
AUX BAIES DE GENÉVRIER

1,2 kg (2 ½ lb) de foie de veau blond

30 g (2 c. à soupe) de beurre

500 ml (2 tasses) de fond de veau*

125 ml (½ tasse) de crème 35%

20 ml (1 ½ c. à soupe) de baies de genévrier écrasées

❖ Dans un poêlon, faire fondre le beurre et cuire le foie de veau à feu doux pendant 10 minutes. Laisser reposer 20 minutes. Faire réduire le fond de veau de moitié et y verser la crème. Le passer au mélangeur avec les baies de genévrier.

❖ Couper le foie de veau en tranches fines et napper de sauce. Accompagner d'endives braisées, d'une poêlée de chou frisé émincé ou d'un sauté de choux de Bruxelles aux lardons.

POUR 6 PERSONNES.

*VOIR GLOSSAIRE

Farci d'agneau à l'ail des bois

300 g (10 oz) de chair de poulet cru

1 oeuf

250 ml (1 tasse) de crème 35%

100 g (3 ½ oz) de morilles fraîches (ou 20 g de morilles sèches)

3 bottes d'ail des bois

1 épaule d'agneau désossée

huile d'olive

quelques branches de thym frais

10 pommes de terre moyennes

5 carottes

sel, poivre du moulin

À droite, l'épaule d'agneau farcie à l'ail des bois et aux morilles, à gauche, cuite avec des pommes de terre et des carottes

❖ Passer au robot la chair de poulet et l'oeuf en incorporant la crème peu à peu; cette opération suppose que les ingrédients soient bien froids. Épicer au goût.

❖ Blanchir les morilles et l'ail des bois dans l'eau bouillante. Farcir la cavité de l'épaule d'agneau: poser en alternance l'ail des bois et les morilles et rouler l'ensemble en le maintenant à l'aide d'une ficelle. Arroser l'épaule d'huile d'olive et assaisonner de sel, de poivre et de thym. Cuire au four 2 h 30 à 350°F.

❖ Blanchir les pommes de terre et les carottes et les disperser autour de l'agneau 1 heure avant la fin de la cuisson. Découper le rôti en fines tranches et napper du jus de cuisson.

Pour 6 personnes.

BOEUF MARINÉ AUX FINES HERBES

1,5 kg (3 ⅓ lb) de contre-filet de boeuf

45 ml (3 c. à soupe) de moutarde en grains

250 ml (1 tasse) d'huile d'olive

jus de 1 citron

herbes du jardin (cerfeuil, ciboulette, estragon, persil, basilic, thym, romarin, etc.)

3 endives

50 g (2 oz) de cerneaux de noix ou de pignons de pin

huile d'olive, jus de citron

150 g (5 oz) de roquefort

quelques brins de ciboulette ciselés

sel et poivre noir

❖ Rôtir le boeuf au four 30 minutes à 400°F. Délayer la moutarde avec 125 ml (½ tasse) d'huile d'olive et le jus d'un demi-citron. Hacher finement les herbes du jardin et mouiller du reste de l'huile d'olive et du jus de citron. Saler et poivrer.

❖ Émincer les endives et les réunir en salade avec les noix, le roquefort et la ciboulette. Découper finement le boeuf et tartiner les tranches de préparation à la moutarde. Monter les assiettes avec les tranches de boeuf et entourer de purée d'herbes. Servir la salade à part.

POUR 6 PERSONNES.

Le boeuf mariné aux fines herbes et à la moutarde, salade d'endives au roquefort et aux noix

La salade de poulet aux pêches

Salade de poulet aux pêches

1 pot de gingembre mariné (ou 1 bulbe de gingembre frais, émincé finement et mariné dans 30 ml de vinaigre de riz et 1 pincée de sucre pendant 3 heures)

60 ml (4 c. à soupe) d'huile de sésame

assortiment de laitues multicolores

3 poitrines de poulet de grain cuites

3 pêches mûres tranchées en quartiers

graines de sésame

romarin frais

sel, poivre noir

❖ Assaisonner les feuilles de laitue d'huile de sésame et de marinade de gingembre (sans les morceaux de gingembre). Saler et poivrer. Escaloper les poitrines et disposer sur la salade en alternant avec les pêches en quartiers. Saupoudrer de graines de sésame, d'aiguilles de romarin et de gingembre. Les pêches peuvent aussi être remplacées par des mangues.

Pour 6 personnes.

104

CONFIT DE CAILLES EN SALADE DE PISSENLIT

25 cuisses de cailles

thym

laurier

gros sel et poivre noir

2 kg (4½ lb) de graisse de canard

3 poires Bartlett

500 ml (2 tasses) de vin rouge

1 bâton de cannelle

100 g (3 ½ oz) de canneberges en compote

125 ml (½ tasse) d'huile d'olive

15 ml (1 c. à soupe) de vinaigre de framboise

quelques feuilles de pissenlit

2 oeufs cuits dur, pelés et hachés

❖ Assaisonner les cuisses de cailles de gros sel, de poivre noir, de thym et de laurier et laisser macérer 24 heures au réfrigérateur. Le lendemain, débarrasser les cuisses de leurs condiments. Chauffer la graisse de canard et y plonger les cuisses. Confire 1 heure à faibles bouillons. Égoutter ensuite sur une plaque allant au four.

❖ Peler et trancher les poires en deux dans le sens de la longueur. Vider le coeur et cuire les demi-poires dans le vin assaisonné d'un bâton de cannelle. Lorsque les demi-poires sont fondantes, les égoutter et garnir la cavité de la compote de canneberges.

❖ Assaisonner le pissenlit d'huile d'olive et de vinaigre et dresser au centre des assiettes. Y déposer une demi-poire. Faire griller les cuisses, côté peau au-dessus, jusqu'à ce qu'elles soient croustillantes. Disposer harmonieusement autour de la salade et parsemer d'oeufs hachés.

POUR 6 PERSONNES.

*Le confit de cailles
en salade de pissenlit
et poire au vin*

~ *Les légumes* ~

ARTICHAUTS MARINÉS AUX HERBES SALÉES

2 petits oignons hachés

2 carottes tranchées

1 petit piment jalapeno émincé

1 branche de céleri tranchée

250 ml (1 tasse) d'huile d'olive

2 kg (4½ lb) d'artichauts miniatures marinés

500 ml (2 tasses) de vin blanc sec

1 citron

125 ml (½ tasse) d'herbes salées du Bas-du-fleuve

2 tomates mûres pelées et épépinées

1 giclée de vinaigre balsamique

cerfeuil

❖ Dans une casserole, faire suer les oignons, les carottes, le piment et le céleri dans 125 ml (½ tasse) d'huile d'olive. Ajouter les artichauts bien lavés, le vin, le jus du citron et couvrir d'eau. Couvrir et cuire à feu doux pendant 25 minutes. Ajouter les herbes salées à mi-cuisson. Réfrigérer ensuite 2 heures.

❖ Couper les tomates en dés de la grosseur des artichauts et réserver dans un bol. Prélever les artichauts et les autres légumes et mélanger avec les tomates. Ajouter le reste de l'huile d'olive, le vinaigre et le cerfeuil. Détendre légèrement la préparation avec un peu de jus de cuisson et servir très frais dans des assiettes creuses, comme un potage glacé. Garnir de quelques tranches de bocconcini pour en faire une entrée plus substantielle.

POUR 10 PERSONNES.

*De gauche à droite: les pommes de terre panées au maïs,
les artichauts marinés aux herbes salées,
les artichauts céleri-rave et les courgettes ratatouille*

COURGETTES RATATOUILLE

4 courgettes

1 aubergine

2 poivrons rouges

2 poivrons verts

1 gros oignon

125 ml (½ tasse) d'huile d'olive

1 gousse d'ail

500 ml (2 tasses) de coulis de tomates*

1 botte de basilic

gros sel, poivre noir du moulin

❖ Couper 3 courgettes en deux sur le sens de la longueur. Évider le centre et réserver.

❖ Couper en fine brunoise la courgette restante ainsi que l'aubergine, les poivrons et l'oignon. Faire revenir dans un poêlon avec l'huile d'olive et l'ail jusqu'à ce que tout le liquide se soit évaporé. Mouiller alors de coulis de tomates et cuire encore 5 minutes avec le basilic émincé.

❖ Badigeonner l'intérieur des courgettes d'huile d'olive, saler et poivrer. Cuire 5 minutes au four à 400°F. Farcir généreusement les courgettes de ratatouille.

POUR 6 PERSONNES.

*VOIR GLOSSAIRE

ARTICHAUTS CÉLERI-RAVE

12 artichauts moyens

jus de 2 citrons

1 piment jalapeno émincé

15 ml (1 c. à soupe) d'huile d'olive

1 céleri-rave pelé et coupé en cubes

100 g (⅓ tasse) de beurre en morceaux

gros sel, poivre de cayenne

❖ Peler les artichauts de façon à obtenir des fonds bien ronds. Dans une casserole, porter à ébullition 1 litre (4 tasses) d'eau additionnée du jus des 2 citrons, du sel, du piment émincé et de l'huile d'olive. Cuire les artichauts 20 minutes ou jusqu'à ce qu'ils soient fondants. Retirer les artichauts de l'eau de cuisson et débarrasser de leur foin.

❖ Cuire le céleri-rave de la même façon que les artichauts. Passer au mélangeur avec le beurre en morceaux. Assaisonner de sel et de poivre de cayenne. Remplir les artichauts de la mousse de céleri-rave. Couvrir de papier d'aluminium et réchauffer au four.

DONNE 12 PIÈCES.

POMMES DE TERRE PANÉES AU MAÏS

1 kg (2 lb) de pommes de terre pelées

150 g (⅔ tasse) de beurre

muscade râpée

400 g (12 oz) de maïs en grains

farine

1 blanc d'oeuf

chapelure

huile à friture

sel et poivre

❖ Cuire les pommes de terre 20 minutes à l'eau salée. Battre en purée avec le beurre, la muscade, le sel et le poivre. Ajouter le maïs en grains et façonner en petites galettes carrées. Laisser refroidir. Enduire chaque galette de farine, puis de blanc d'oeuf et enfin de chapelure. Frire jusqu'à ce que les galettes soient blondes et croustillantes.

POUR 6 PERSONNES.

ENDIVES BRAISÉES

6 endives moyennes

75 g (5 c. à soupe) de beurre

muscade moulue

2 gousses d'ail

sel et poivre noir

❖ Dans une petite casserole, couvrir les endives d'eau froide. Ajouter 50 g (3 c. à soupe) de beurre, le sel, le poivre, la muscade et les gousses d'ail non pelées coupées en deux. Cuire 25 minutes à feu doux. Égoutter et trancher en deux sur le sens de la longueur. Dorer ensuite dans un poêlon avec le reste du beurre.

POUR 6 PERSONNES.

MILLE-FEUILLES DE LÉGUMES

1 botte de jeunes carottes tranchées

2 bottes d'asperges

200 g (¾ tasse) de beurre

4 échalotes françaises

500 ml (2 tasses) de vin blanc

1 giclée de vinaigre de vin rouge

2 tomates pelées et épépinées

quelques brins de ciboulette

200 g (7 oz) de pleurotes

quelques feuilles d'épinards

6 carrés de pâte feuilletée de 10 cm X 10 cm (4 po)

sel et poivre

❖ Mettre les carottes au fond d'une casserole et couvrir d'eau. Cuire à feu doux pendant 15 minutes. Plonger les asperges dans une casserole d'eau bouillante salée et cuire 3 minutes. Réserver.

❖ Préparer un beurre blanc en combinant d'abord les échalotes, le vin et le vinaigre. Faire réduire des ⅔ et monter au beurre en remuant constamment la casserole en sens circulaire. Ajouter les tomates coupées en dés et la ciboulette émincée.

❖ Dans un poêlon, faire revenir les pleurotes quelques minutes dans un peu de beurre. Ajouter ensuite les épinards et cuire encore 2 à 3 minutes. Couper les feuilletés en deux sur le sens de la hauteur et placer au fond le sauté d'épinards et de pleurotes. Recouvrir harmonieusement des légumes et napper de beurre de tomate. Chapeauter de l'autre demi-feuilleté.

DONNE 6 PIÈCES.

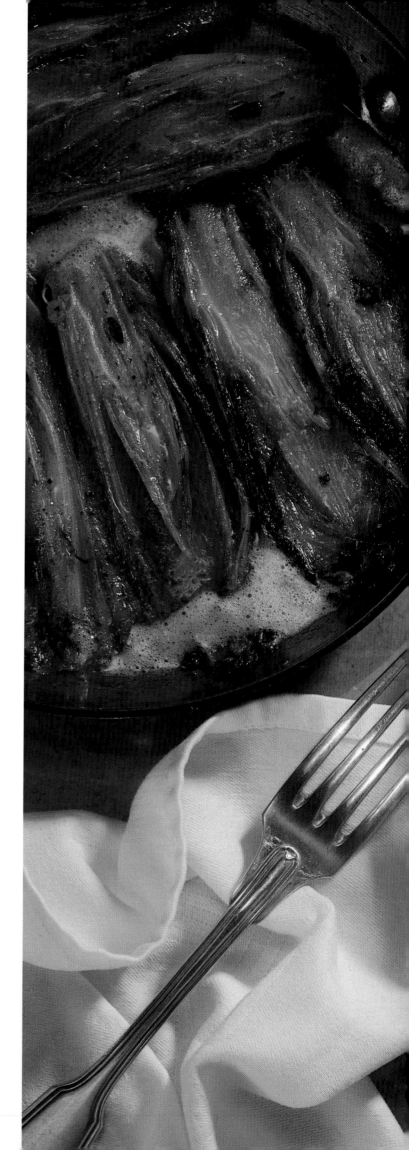

*À gauche, les endives braisées;
à droite, le mille-feuilles de légumes*

⁓ *Les desserts* ⁓

CROUSTADE DE POMMES MERINGUÉES

150 g (5 oz) de pâte brisée

1 kg (2 lb) de pommes McIntosh

jus de 1 citron

100 g (3 ½ oz) d'amandes effilées

50 g (3 c. à soupe) de beurre fondu

3 blancs d'oeufs

75 g (5 c. à soupe) de sucre

❖ Foncer un moule à tarte de 30 cm (12 po) de pâte brisée. Peler et couper les pommes en dés de 2 cm (1 po). Arroser de jus de citron. Griller légèrement les amandes au four et mélanger aux pommes avec le beurre fondu. Étendre au fond du moule. Monter les blancs d'oeufs et le sucre en meringue et en recouvrir la croustade. Cuire au four à 275°F pendant 1 h 15.

POUR 8 PERSONNES.

SOUFFLÉ À L'ÉRABLE

beurre mou

sucre cristallisé

1 boîte de sirop d'érable

8 blancs d'oeufs

15 g (1 c. à soupe) de poudre à pâte

1 verre de cognac

❖ Bien beurrer le moule à soufflé et le saupoudrer de sucre. Réduire le sirop d'érable de moitié à feu vif. Monter les blancs d'oeufs en neige avec une pincée de sel et la poudre à pâte. À mi-temps, incorporer le sirop d'érable encore tiède. Verser le cognac au fond du moule, puis le mélange à l'érable. Cuire 25 minutes au four à 350°F.

POUR 6 PERSONNES.

*En haut, le soufflé à l'érable;
en bas, la croustarde de pommes meringuées*

À gauche, la tarte aux fraises et au chocolat blanc; à droite, la tarte au sucre

TARTE AUX FRAISES ET AU CHOCOLAT BLANC

100 g (3 ½ oz) de chapelure graham

50 g (3 c. à soupe) de beurre

250 g (8 oz) de chocolat blanc

200 g (7 oz) de fromage à la crème

125 ml (½ tasse) de crème 35%

2 paniers de fraises

❖ Mélanger ensemble la chapelure et le beurre et tapisser le fond d'un moule à gâteau au fromage de 30 cm (12 po). Faire fondre au bain-marie le chocolat, le fromage et la crème. Verser dans le moule et y planter les fraises, pointes vers le haut. Refroidir 4 heures et démouler.

POUR 8 PERSONNES.

TARTE AU SUCRE

150 g (5 oz) de pâte brisée

2 pommes vertes

jus de 1 citron

50 g (3 c. à soupe) de beurre fondu

150 g (⅔ tasse) de cassonade

2 oeufs entiers

125 ml (½ tasse) de crème 35%

❖ Foncer un moule à tarte de 30 cm (12 po) de pâte brisée. Peler et couper les pommes en quartiers. Arroser de jus de citron et coucher au fond du moule. Mélanger le beurre fondu, la cassonade et les oeufs. Détendre avec la crème fouettée. Verser dans le moule et cuire 45 minutes au four à 300°F.

POUR 8 PERSONNES.

CRÊPES SOUFFLÉES AUX BLEUETS CONFITS

10 blancs d'oeufs

150 g (½ tasse) de sucre à glacer

500 ml (2 tasses) de confiture de bleuet

250 ml (1 tasse) de coulis de bleuet*

PÂTE À CRÊPES

200 g (2 tasses) de farine

100 g (⅓ tasse) de beurre fondu

100 g (⅓ tasse) de sucre

3 oeufs

1 pincée de sel

500 ml (2 tasses) de lait

❖ Mélanger ensemble tous les ingrédients de la pâte et confectionner de fines crêpes dans une poêle en téflon. Les étendre sur une plaque allant au four préalablement beurrée.

❖ Monter en meringue les blancs d'oeufs et le sucre à glacer. Incorporer délicatement la confiture de bleuets. En farcir chaque crêpe et les replier en demi-lune. Cuire au four 10 minutes à 350°F. Couvrir le fond de chaque assiette de coulis de bleuet et y déposer une crêpe.

10 CRÊPES.

*VOIR GLOSSAIRE

GÂTEAU AU FROMAGE ALLÉGÉ

100 g (3 ½ oz) de chapelure graham

50 g (3 c. à soupe) de beurre

500 ml (2 tasses) de compote de rhubarbe et de fraise

400 g (14 oz) de fromage à la crème

200 g (¾ tasse) de sucre

3 feuilles de gélatine (ou 1 sachet)

500 ml (2 tasses) de crème 35%

coulis de framboise*

❖ Mélanger ensemble la chapelure et le beurre et tapisser le fond d'un moule à gâteau. Couvrir de compote bien égouttée.

❖ Faire fondre au bain-marie le fromage, le sucre, la gélatine et un filet de crème. Bien fouetter le reste de la crème et mélanger délicatement au fromage fondu légèrement refroidi. Verser dans le moule et lisser à la spatule. Réfrigérer 5 heures. Servir avec un coulis de framboise.

POUR 10 PERSONNES.

*VOIR GLOSSAIRE

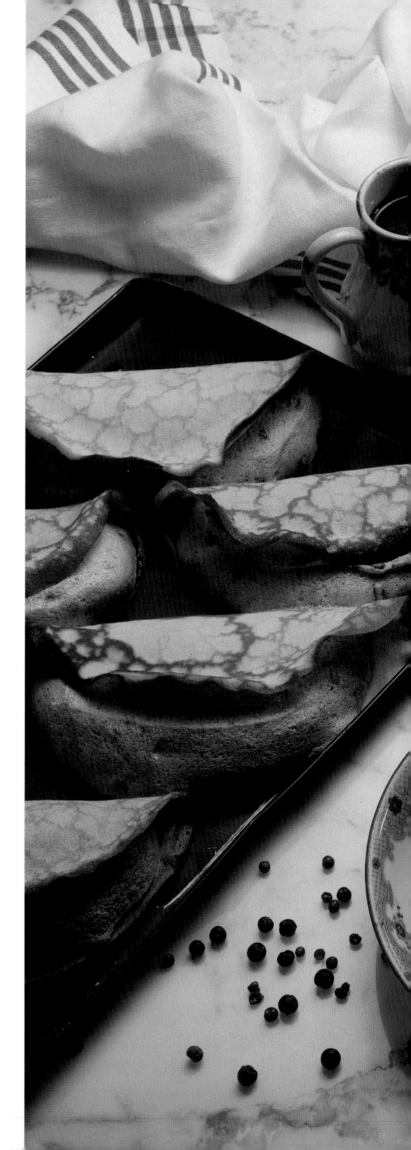

À gauche, les crêpes soufflées aux bleuets confits; au centre, la cuisson de fruits au vin rouge (recette p. 115); à droite, le gâteau au fromage allégé

CUISSON DE FRUITS AU VIN ROUGE

1 kg (2 lb) de fruits de saison (poires bien mûres, pêches, abricots, prunes, etc.)

2 litres (8 tasses) de vin rouge

1 bâton de cannelle

quelques clous de girofle

quelques baies de genévrier

gingembre en poudre

1 pot de gelée de groseille

200 g (¾ tasse) de sucre

menthe fraîche

1 gousse de vanille

❖ Peler et dénoyauter les fruits. Combiner le vin, la cannelle, les clous de girofle, les baies de genévrier, le gingembre, la gelée de groseille, le sucre, la menthe et la vanille. Cuire 20 minutes à faibles bouillons. Verser sur les fruits et retirer du feu. Réfrigérer une nuit. Servir dans des bols accompagné de diamants épicés. *Photo p. 113*

POUR 6 PERSONNES.

DIAMANTS ÉPICÉS

100 g (⅓ tasse) de beurre

100 g (1 tasse) de farine

1 pincée de sel

1 pincée de gingembre

1 pincée de cannelle

1 pincée de muscade

1 pincée de cardamome

blancs d'oeufs

50 g (3 c. à soupe) de sucre granulé

❖ Bien mélanger tous les ingrédients. Rouler la pâte en gros boudins de 5 cm de diamètre et réserver au frais pendant 1 heure. Badigeonner ensuite les boudins de blancs d'oeufs et rouler dans le sucre. Trancher en disques de 1 cm d'épaisseur et placer sur une plaque à pâtisserie. Cuire au four 15 minutes à 300°F.

20 PIÈCES.

TUILES AUX AMANDES

4 blancs d'oeufs

50 g (3 c. à soupe) de sucre

75 g (⅔ tasse) de farine

1 pincée de sel

50 g (3 c. à soupe) de beurre fondu

amandes effilées

❖ Mélanger énergiquement les blancs d'oeufs, le sucre, la farine, le sel et le beurre fondu. Déposer le tout à la cuillère sur une plaque à pâtisserie préalablement beurrée et couvrir d'amandes effilées. Cuire au four à 400°F jusqu'à ce que la pâte devienne uniformément blonde, environ 4 minutes. Détacher les tuiles de la plaque à l'aide d'une spatule. Rouler chacune d'elles avec un rouleau à pâte, afin de leur donner une forme concave.

20 TUILES.

TARTE AUX POIRES

4 poires Bartlett

jus de 1 citron

quelques feuilles de menthe

120 g (½ tasse) de sucre

150 g (5 oz) de pâte feuilletée

1 oeuf

1 filet de crème 35%

200 g (7 oz) d'amandes moulues

75 g (5 c. à soupe) de beurre fondu

1 pincée de cardamome (facultatif)

❖ Dans une casserole d'eau bouillante, cuire les poires avec le jus du citron, la menthe et 50 g (3 c. à soupe) de sucre jusqu'à ce qu'elles soient fondantes, environ 20 minutes. Trancher en quartiers. Foncer un moule à tarte avec la pâte feuilletée et piquer le fond avec une fourchette. Disposer les poires.

❖ Composer une crème d'amande en mélangeant 70 g (5 c. à soupe) de sucre, l'oeuf, la crème, les amandes moulues et le beurre fondu. Parfumer de cardamome et bien fouetter. Verser sur les poires et cuire au four 1 heure à 300°F.

POUR 8 PERSONNES.

*En haut, les tuiles aux amandes;
au centre, les diamants épicés;
en bas, la tarte aux poires*

L'Été

Une légende disait qu'il ne faut pas ramasser les fraises des champs parce que, par elles, passent l'âme des enfants. Ceux qui y croyaient se sont privés d'un délicat plaisir. Cultivées, plus grosses, elles prennent d'autres qualités. À l'île d'Orléans, Saint-Lin, Vaudreuil ou Champlain, les fraises poussent en droites rangées. Que serait le début de l'été sans ces petits fruits charnus, toupies rouges et tavelées d'akènes, qui fondent, sucrées, dans la bouche?

Cueillir les fraises appartient à un rite précieux: y aller en famille, les ramasser, encore humides au ras du sol le matin, sans les blesser, alors que le soleil se fait plus brûlant; les poser sans brusquerie dans les paniers et, plus tard, les équeuter, en rêvant des délices qui suivront: confitures, tartes et gâteaux, coulis et parfaits. En rêvant de les manger, comme ça, nature ou nappées de crème fraîche et de ruisselets de sirop d'érable.

Elles annoncent les framboises et les bleuets qui ponctuent l'été jusqu'en août, donnant aux collations et aux fins de repas autant de parcelles de lumière. L'été québécois, bref et intense, amasse en quelques mois le bilan calorifique du reste de l'année. C'est un été multiple, associant plusieurs étés en décalage:

Pages précédentes: la Dune-du-Sud aux îles de la Madeleine: la mer, même par temps calme, sculpte les falaises de grès rouge et creuse les grottes.

Ci-dessous: en Gaspésie, la pêche constitue toujours une activité économique importante.

celui, plus avantagé, des environs de Montréal et tous les autres, vers le golfe du Saint-Laurent, les Appalaches, les Laurentides, plus courts, plus frais, qui exigent davantage de la nature.

Dans la grande plaine et les terrasses du Saint-Laurent et là-bas au Lac-Saint-Jean, au Témiscamingue, les champs de blé, les céréales deviendront pain, farine et moulée, bière et fourrage pour les bêtes. Ils bronzent et s'alourdissent: l'été leur laisse peu de temps pour mûrir. Mais leurs gerbes ploieront à nouveau, lourdes, prêtes à la récolte.

À l'est, sur les littoraux et dans les eaux de la mer, crevettes, bigorneaux, pétoncles et crabes des neiges, longtemps oubliés à l'ombre du homard, apportent leurs tributs. Depuis des générations, les pêcheurs tirent aussi des filets chargés de harengs, sébastes, aiglefins, flétans et plies pour nourrir les marchés. De morues aussi, quand des quotas ne viennent pas en limiter les prises: chair tendre, blanche et onctueuse, un véritable trésor marin. À la mi-juillet, déjà, les pièges à homard seront empilés sur le haut des grèves des îles de la Madeleine et de la Gaspésie, dans l'attente de l'année suivante. La saison est finie: il faudra dorénavant puiser dans les viviers.

Infatigables, quant à elles, partout où durent et se succèdent des fleurs, les abeilles bourdonneront. Parfumés au sarrasin et aux innombrables effluves, leurs miels n'espèrent que les tartinades et les lèvres gourmandes. Qui se souviendront, à ce goût et à celui des épis de maïs enrichis de beurre et d'un peu de sel, des plénitudes de l'été.

L'été d'Armand Forcherio

J'en sais peu de choses de la jeunesse d'Armand, sinon qu'il est né près de Nice. Voilà pourquoi je me permets de me le représenter sous les traits une espèce de chat méditerranéen efflanqué, rôdeur, curieux et quelque peu famélique. De cette jeunesse féline, il conserve d'ailleurs aujourd'hui une démarche rapide et silencieuse comme s'il glissait, une mystérieuse discrétion, quelques longs poils aux sourcils et autres traits indéniables.

Je l'imagine par exemple dans une certaine ruelle, un certain jour, il s'est arrêté soudain, à l'endroit où se croisent ces fantastiques émanations des cuisines des ménagères et des restaurateurs. Poisson grillé, romarin, tomates, ail, thym. La puissante cuisine du Sud, la cuisine solaire de l'été permanent, il s'en emplit l'âme. Révélation, notre chat sera cuisinier.

Puis il s'embarque, destination Amérique. La chaleur de la Californie l'attire vers l'ouest tel un aimant à travers le paysage et l'imaginaire américains. Mais c'est finalement la chaleur toute intérieure du Québec, l'esprit de liberté et le brin de folie de ces Latins du Nord, Américains parlant français, qui le séduisent pour de bon. Il s'installe à Montréal, pas trop loin du marché Jean-Talon.

Car le chat affectionne les marchés publics, sans pour autant aimer les foules qui s'y pressent. C'est pourquoi il y rôde de préférence au petit matin quand les maraîchers aux yeux encore gommés combinent leurs paniers de fruits ou de légumes en figures géométriques, montent un mur de romaine, font des pyramides de choux, suspendent leurs bouquets d'herbes aux cordes. J'ai parfois accompagné Armand dans de fantasques expéditions matinales, le voyant

s'arrêter de longs moments, palpant, soupesant, évaluant ce légume qui du coup n'était plus poivron ou salsifis, mais devenait l'exemplaire précieux d'une noble lignée génétique. D'autres fois, un éclair traversait son regard, il songeait alors aux possibilités de la cerise de terre ou de la fleur de courgette. Et je comprenais, quelques heures plus tard, quand je les revoyais métamorphosées, composantes d'une assiette savoureuse à la beauté parfaitement équilibrée.

Neuf vies vous donnent la possibilité d'explorer et Armand ne s'en est pas privé. Loin de là. Le voilà un temps chat maniaque de minutie, perfectionniste angoissé par la carte blanche et passant quelques nuits tout aussi blanches à jongler, «parce que si je change ce plat, tu vois, ça n'est plus équilibré et si je bouge celui-ci, eh bien voilà...» Une autre fois, le voilà matou vaudou des bayous de Louisiane, anneaux à l'oreille, qui du fond d'une casserole bosselée crée un festin magique avec ce poulet cajun épicé à réveiller les morts. Un autre jour encore, le voilà devisant les arcanes d'une cuisine hybride d'Orient et d'Occident.

Puis, durant un temps, quelques années, c'est l'éclipse. Et il réapparaît, Armand Forcherio, *gato* attablé au Caffè Italia, accompagnant son café au lait du matin d'un sandwich au saucisson. Son lieu de rendez-vous favori, juste à côté du marché Jean-Talon, bien sûr. Il rayonne, en père-chat qu'il est devenu, comblé par sa Rosalie qui pousse vite, chat rangé pour l'instant mais, on le sent, toujours prêt à bondir, avec le projet «d'amener ce restaurant toscan tranquillement dans une nouvelle direction, tu vois...» En attendant sa prochaine incarnation, voici quelques nouvelles recettes inspirées de ses souvenirs, de ses vagabondages et de cet heureux hasard d'être devenu Québécois. Et souffle le vent chaud de la liberté!

Pierre-Yves Marcoux

Le dos de flétan, sauce aux tomates jaunes et tomates séchées (recette p.132)

~ *Les entrées et les soupes* ~

SALADE DE CRESSON ET DE PAPAYE

1 botte de cresson

100 ml (⅓ tasse) d'huile d'arachide

15 ml (1 c. à soupe) de moutarde de Meaux

15 ml (1 c. à soupe) de moutarde de Dijon

jus de 1 citron jaune

1 papaye

jus de 1 citron vert

sel et poivre

❖ Laver le cresson. Confectionner une vinaigrette en combinant l'huile d'arachide, les deux moutardes, le jus de citron jaune, une pincée de sel et du poivre du moulin. Couper la papaye en deux et retirer les pépins. Peler, émincer et arroser de jus de citron vert. Dresser les tranches de papaye en éventail dans une assiette. Aromatiser le cresson de vinaigrette et le déposer sur la papaye.

POUR 2 PERSONNES.

SALADE DE TOMATES ET DE FENOUIL À L'HUILE D'OLIVE

2 bulbes de fenouil

jus de 2 citrons

100 ml (⅓ tasse) d'huile d'olive vierge

6 tomates bien rouges

sel et poivre du moulin

❖ Émincer finement le fenouil et le laisser mariner 5 minutes dans le jus d'un citron, le sel et le poivre. Composer une vinaigrette avec le jus d'un citron et l'huile d'olive. Trancher les tomates et les dresser en éventail dans l'assiette. Saler et poivrer. Poser le fenouil sur les tomates et arroser de vinaigrette.

POUR 2 PERSONNES.

*À gauche, la salade de tomates et de fenouil;
à droite, la salade de cresson et de papaye*

À gauche, le tian de sardines aux artichauts; à droite, la salade de Mesclun et fromage blanc aux herbes

TIAN DE SARDINES AUX ARTICHAUTS

16 artichauts

jus de 2 citrons

8 sardines fraîches

200 ml (¾ tasse) d'huile d'olive vierge

2 gousses d'ail

1 poivron rouge

1 poivron jaune

1 oignon

sel et poivre

❖ Peler les artichauts et cuire les fonds dans l'eau salée et citronnée 10 minutes ou jusqu'à ce qu'ils soient tendres. Écailler les sardines, retirer la tête et les arêtes et réserver.

❖ Égoutter les fonds et retirer le foin. Tourner les coeurs d'artichauts et les réduire en purée au mélangeur. Monter à l'huile d'olive. Parfumer d'ail. Tartiner les sardines de purée d'artichauts et les rouler les unes dans les autres. Déposer dans un ramequin et cuire au bain-marie 5 minutes à 350°F.

❖ Émincer les poivrons et l'oignon et faire suer dans un peu d'huile d'olive. Délayer avec un peu d'eau et laisser mijoter 1 heure. Couvrir de fondue de poivrons le fond d'un plat de service et y démouler le tian. Servir à la température de la pièce.

POUR 8 PERSONNES.

SALADE DE MESCLUN ET FROMAGE BLANC AUX HERBES

MESCLUN

roquette

salade de dents-de-lion

feuilles de jeune chêne

radicchio blanc

cerfeuil

bouquet de fines herbes (ciboulette, basilic, estragon)

1 gousse d'ail

persil plat

fromage blanc (ricotta ou touma)

100 ml (⅓ tasse) d'huile d'olive vierge

15 ml (1 c. à soupe) de vinaigre de vieux vin

sel et poivre

pain de campagne

❖ Laver les salades. Hacher les fines herbes, l'ail et le persil. Écraser le fromage avec les herbes. Saler et poivrer. Bien mélanger. Réaliser une vinaigrette avec l'huile d'olive, le vinaigre, le sel et le poivre. Griller le pain de campagne et tartiner de fromage aux herbes. Assaisonner le mesclun de vinaigrette et servir immédiatement.

POUR 2 PERSONNES.

123

À gauche, les pâtissons farcis aux légumes; à droite, les fleurs de courgettes farcies à l'aubergine

PÂTISSONS FARCIS AUX LÉGUMES

8 pâtissons

2 courgettes blanches et 2 courgettes jaunes

2 poivrons rouges

4 tomates

2 oignons rouges

2 branches de céleri

100 ml (⅓ tasse) d'huile d'olive

jus de 2 citrons

1 bouquet de ciboulette

sel et poivre

❖ Vider délicatement les pâtissons de leur chair et conserver les couvercles. Couper en macédoine les courgettes, les poivrons, une tomate, les oignons et le céleri. Mariner dans 30 ml (2 c. à soupe) d'huile et le jus d'un citron. Saler et poivrer.

❖ Cuire les pâtissons à la vapeur pendant 5 minutes; à la pointe d'un couteau, ils doivent rester ferme. Les farcir aussitôt de macédoine. Peler le reste des tomates et en retirer les pépins. Passer au mélangeur avec le reste de l'huile d'olive, le jus d'un demi-citron, le sel et le poivre jusqu'à l'obtention d'un coulis. Verser le coulis au fond d'une assiette et poser dessus les pâtissons encore tièdes.

POUR 4 PERSONNES.

FLEURS DE COURGETTES FARCIES À L'AUBERGINE

12 fleurs de courgettes

2 aubergines moyennes

100 ml (⅓ tasse) d'huile d'olive

1 gousse d'ail

1 bouquet de persil plat

1 bouquet de basilic frais

100 g (3 ½ oz) de gorgonzola

100 ml (⅓ tasse) de crème 35%

sel et poivre du moulin

❖ Laver et essorer délicatement les fleurs de courgettes. Peler l'aubergine et découper en cubes. Assaisonner de sel et laisser dégorger quelques minutes. Éponger avec un linge.

❖ Faire sauter l'aubergine dans un peu d'huile d'olive et égoutter ensuite dans une passoire. Mélanger à l'aubergine l'ail, le persil et le basilic haché et en farcir les fleurs de courgettes. Étaler sur une plaque huilée et cuire au four 5 minutes à 350°F. Passer au mélangeur le gorgonzola, la crème et le poivre. Disposer harmonieusement les fleurs sur une assiette et napper de sauce au gorgonzola.

POUR 6 PERSONNES.

FIGUES ET MOELLE RÔTIE, SAUCE CHUTNEY

5 ml (1 c. à thé) de cassonade

30 ml (2 c. à table) de miel

18 figues pelées

5 ml (1 c. à thé) de poivre fin concassé

1 pincée de gros sel

200 ml (3/4 tasse) de vinaigre de vin rouge

100 ml (1/3 tasse) d'eau

10 os à moelle de boeuf

50 g (3 c. à soupe) de beurre

sel et poivre

❖ Dans une casserole, faire chauffer la cassonade et le miel. Ajouter 10 figues et écraser légèrement à l'aide d'une cuillère. Assaisonner de gros sel et de poivre concassé. Déglacer au vinaigre et laisser réduire. Ajouter l'eau et cuire à feu doux pendant 1 heure.

❖ Mettre la moelle sur une plaque beurrée et cuire au four 5 minutes à 450°F. Dans un sautoir, faire fondre 30 g (2 c. à table) de beurre et rôtir les 8 figues restantes pendant 5 minutes. Rectifier l'assaisonnement. Déposer la moelle au centre d'un plat de service et dresser les figues tout autour. Accompagner de pain grillé et de sauce chutney.

POUR 4 PERSONNES.

Les figues et moelle rôtie, sauce chutney

À gauche, la salade de chayottes aux raisins de Corinthe; à droite, les poivrons en lasagne au fromage de chèvre

POIVRONS EN LASAGNE AU FROMAGE DE CHÈVRE

500 ml (2 tasses) d'huile d'olive

4 poivrons rouges

4 poivrons jaunes

200 g (7 oz) de fromage de chèvre affiné

100 ml (⅓ tasse) de crème 35%

1 bouquet chacun de ciboulette, de basilic, de persil et de thym frais

100 ml (⅓ tasse) d'huile d'olive vierge

sel et poivre

❖ Chauffer l'huile d'olive dans un grand poêlon. Frire les poivrons entiers une dizaine de minutes puis retirer la peau encore chaude. Mélanger le fromage au robot culinaire jusqu'à l'obtention d'une pâte homogène. Incorporer la crème et les herbes finement hachées et bien mélanger. Saler et poivrer. Dans une terrine, monter en couches successives les poivrons et le fromage. Réfrigérer une heure et servir à la température de la pièce arrosé de l'huile d'olive vierge.

POUR 6 PERSONNES.

SALADE DE CHAYOTTES AUX RAISINS DE CORINTHE

4 chayottes

100 g (3 ½ oz) de raisins de Corinthe

15 ml (1 c. à soupe) d'huile de sésame

100 ml (⅓ tasse) d'huile végétale

jus de 1 citron

sel et poivre

❖ Peler les chayottes et couper en julienne. Faire tremper les raisins dans l'eau tiède quelques minutes. Confectionner une vinaigrette avec le jus de citron, l'huile de sésame et l'huile végétale. Saler et poivrer. Laisser les chayottes reposer quelques minutes dans la vinaigrette avec les raisins et servir.

POUR 6 PERSONNES.

SOUPE DE PETITS COQUILLAGES ET CRUSTACÉS

8 tomates mûres

1 gros oignon haché

150 ml (⅔ tasse) d'huile d'olive

45 ml (3 c. à soupe) de vinaigre de xérès

8 pétoncles moyens

1 poivron rouge

1 poivron jaune

1 poivron vert

8 petites palourdes

1 homard de 700 g (1 ½ lb)

125 ml (½ tasse) de vin blanc

sel et poivre

❖ Émonder les tomates en conservant l'eau et les pépins et les couper grossièrement. Chauffer un peu d'huile d'olive et faire revenir l'oignon sans le colorer.

❖ Ajouter les tomates, l'eau et les pépins, le vinaigre de xérès et cuire 5 minutes à feu vif. Saler et poivrer.

❖ Couper les poivrons en triangle et les saisir 1 minute dans 15 ml (1 c. à soupe) d'huile d'olive. Les mélanger aux tomates et réserver.

❖ Cuire le homard au court-bouillon pendant 10 minutes. Décortiquer, couper en 6 tronçons et réserver. Mettre les palourdes dans une casserole, mouiller avec le vin et cuire à feu vif 2 minutes ou jusqu'à ce qu'elles s'ouvrent. Retirer les palourdes de la casserole et y mettre les pétoncles. Cuire 1 minute. Retirer les pétoncles et verser le bouillon de légumes dans la casserole. Faire bouillir quelques secondes. Remettre les crustacés dans la soupe et réserver au froid. Réchauffer avant de servir.

POUR 4 PERSONNES.

La soupe de petits coquillages et crustacés

La soupe aux tomates jaunes, rafraîchie au basilic

SOUPE AUX TOMATES JAUNES, RAFRAÎCHIE AU BASILIC

1 kg (2 lb) de tomates jaunes

125 ml (½ tasse) d'huile d'olive vierge

1 poivron jaune sans la peau

1 oignon émincé

1 gousse d'ail

jus de 2 citrons

12 feuilles de basilic

2 tomates rouges italiennes

1 tomate jaune italienne

sel et poivre

❖ Nettoyer le kilo de tomates jaunes et en retirer la peau et les pépins. En concasser la moitié grossièrement et réserver. Passer l'autre moitié des tomates au mélangeur avec l'huile d'olive, le poivron jaune, l'oignon, l'ail, le jus de citron, le sel et le poivre.

❖ Verser dans une soupière et ajouter le concassé de tomate, le basilic finement ciselé et bien mélanger. Rectifier l'assaisonnement. Couper les tomates italiennes en fines tranches et en décorer harmonieusement la soupe.

POUR 4 PERSONNES.

~ Les plats principaux ~

BLANC DE CORÉGONE, SALADE DE RADIS

2 kg (4½ lb) de corégone

1 bouquet de jeunes radis frais avec leurs feuilles

15 ml (1 c. à soupe) de moutarde de Meaux

200 ml (¾ tasse) d'huile de noix

2 citrons

sel et poivre du moulin

❖ Lever les filets de corégone et réserver. Laver les radis et réserver les feuilles. Faire une vinaigrette avec la moutarde, l'huile de noix, le jus d'un demi-citron, le sel et le poivre. Émincer finement le radis et ciseler ses feuilles.
❖ Cuire les filets de corégone 5 minutes à la vapeur. Assaisonner les feuilles de radis de vinaigrette. Ajouter le radis et dresser la salade sur des assiettes. Y déposer le poisson chaud. Assaisonner de vinaigrette et servir.
POUR 6 PERSONNES.

À gauche, le blanc de corégone et salade de radis;
à droite, le thon mariné au poivre vert

THON MARINÉ AU POIVRE VERT

500 g (1 lb) de thon rouge frais

15 ml (1 c. à soupe) d'huile de sésame

15 ml (1 c. à soupe) d'huile végétale

15 g (1 c. à soupe) de sel de mer

1 goutte de jus de citron

8 à 10 grains de poivre vert

1 échalote verte

1 radis noir

jus de 1 citron

❖ Trancher le thon en fines escalopes. Mariner 5 minutes dans l'huile de sésame, l'huile végétale, le sel de mer et une goutte de jus de citron.
❖ Couper l'échalote et le radis en brunoise. Incorporer les grains de poivre vert et quelques gouttes d'huile de sésame et de jus de citron. Déposer les escalopes en éventail et garnir de brunoise.
POUR 4 PERSONNES.

RAGOÛT DE CRUSTACÉS AUX ARTICHAUTS

8 artichauts

jus de 2 citrons

12 écrevisses

2 homards

12 crevettes

200 ml (¾ tasse) d'huile végétale

15 g (1 c. à soupe) de beurre

sel et poivre

COURT-BOUILLON

2 litres (8 tasses) d'eau

1 carotte

1 oignon

1 queue de persil

1 feuille de laurier

sel et grains de poivre

BOUILLON DE CRUSTACÉS

carcasses de homards

carcasses d'écrevisses

1 échalote

2 carottes

2 tomates fraîches

1 tête d'ail

15 g (1 c. à soupe) de beurre

100 ml (⅓ tasse) de vin blanc

15 ml (1 c. à soupe) de cognac

15 g (1 c. à soupe) d'estragon

15 g (1 c. à soupe) de persil

1 pincée de poivre de cayenne

*À gauche, le ragoût de crustacés aux artichauts;
à droite, l'escalope de saumon au raifort*

❖ Peler les artichauts et cuire les fonds dans l'eau salée et citronnée 10 minutes ou jusqu'à ce qu'ils soient tendres. Égoutter les fonds et retirer le foin. Peler et émincer les coeurs d'artichauts. Réserver.

❖ Cuire le homard 8 minutes dans le court-bouillon. Cuire les écrevisses 5 minutes dans le court-bouillon. Décortiquer les queues d'écrevisses ainsi que le homard. Conserver les carcasses.

❖ Peler et couper en cubes les légumes du bouillon de crustacés.

❖ Dans une casserole, faire revenir ensemble les carcasses et les légumes dans un peu de beurre. Déglacer avec le vin blanc et le cognac. Mouiller avec un litre d'eau. Assaisonner de persil, d'estragon et de poivre de cayenne et laisser mijoter 1 heure. Passer le bouillon à la moulinette puis passer au chinois. Faire réduire.

❖ Décortiquer les crevettes. Dans une casserole, faire chauffer l'huile et cuire les crevettes 4 minutes en remuant constamment. Ajouter le homard émincé et les écrevisses et réchauffer 1 à 2 minutes. Retirer les crustacés, déglacer avec 500 ml (2 tasses) de bouillon de crustacés. Faire réduire jusqu'à consistance de sauce. Remettre les crustacés dans la casserole ainsi que les artichauts émincés pour les réchauffer. Déposer les crustacés et les artichauts dans chaque assiette. Monter la sauce au beurre et servir.

POUR 4 PERSONNES.

ESCALOPE DE SAUMON AU RAIFORT

800 g (1 ¾ lb) de saumon

1 racine de raifort frais

quelques feuilles de cerfeuil frais

100 ml (⅓ tasse) de vermouth Noilly Pratt

2 échalotes

75 g (5 c. à soupe) de beurre

jus de 1 citron

sel et poivre

❖ Lever les filets de saumon, retirer la peau et couper en escalopes. Réserver.

❖ Râper le raifort et hacher une partie du cerfeuil. Faire réduire le vermouth avec les échalotes. Monter au beurre en remuant constamment le mélange en sens circulaire. Assaisonner de sel, de poivre et de jus de citron.

❖ Dans une poêle en téflon, cuire les escalopes de saumon 4 minutes.

❖ Disposer les escalopes de saumon dans un grand plat. Parsemer de raifort râpé, de cerfeuil haché, de sel et de poivre et réchauffer quelques minutes au four. Verser le beurre de vermouth autour du poisson. Décorer de feuilles de cerfeuil.

POUR 4 PERSONNES.

DOS DE FLÉTAN, SAUCE AUX TOMATES JAUNES ET TOMATES SÉCHÉES

800 g (1 ¾ lb) de filet de flétan

250 g (½ lb) de tomates jaunes

1 oignon

1 gousse d'ail

100 ml (⅓ tasse) d'huile d'olive

1 branche de thym frais

1 bouquet de ciboulette

12 tomates séchées

100 ml (⅓ tasse) d'huile d'olive vierge

jus de 1 citron

50 g (3 c. à soupe) de beurre

sel et poivre

❖ Trancher le filet de flétan en escalopes. Peler les tomates jaunes et retirer les pépins. Faire suer l'oignon et l'ail dans l'huile d'olive. Ajouter les tomates jaunes et une branche de thym frais. Saler et poivrer. Cuire environ 30 minutes puis passer au mélangeur et au chinois.

❖ Ciseler la ciboulette et mélanger aux tomates séchées, à l'huile d'olive vierge et au jus de citron. Dans une poêle en téflon, cuire le flétan 3 à 4 minutes dans un peu de beurre. Déposer 3 tomates séchées dans chaque assiette et y coucher une escalope de flétan. Entourer d'un coulis de tomate jaune. *Photo p. 120*

POUR 4 PERSONNES.

ESCABÈCHE DE PÉTONCLES «MINUTE» COMME À SAINT-JOSEPH-DE-LA-RIVE

1 kg (2 lb) de pétoncles frais

100 ml (⅓ tasse) d'huile d'olive

15 ml (1 c. à soupe) d'huile d'olive vierge

GARNITURE DE LÉGUMES

1 carotte

2 branches de céleri

2 oignons verts

1 gousse d'ail

2 branches de thym frais

2 feuilles de laurier

30 ml (2 c. à soupe) de vinaigre de vieux vin

1 bouquet de persil plat haché

1 piment fort (facultatif)

❖ Peler les carottes, le céleri, les oignons et l'ail. Couper en brunoise et réserver. Retirer le nerf sur chaque pétoncle. Saler et poivrer. Dans un peu d'huile d'olive, cuire les pétoncles à feu doux quelques secondes de chaque côté.

❖ Faire sauter les légumes, assaisonnés de thym, de laurier, de persil et de piment fort. Déglacer au vinaigre de vin, retirer du feu et laisser mariner. Ajouter l'huile d'olive. Couvrir le fond de chaque assiette de garniture de légumes. Réchauffer les pétoncles quelques minutes au four et les déposer sur la garniture. Servir à la température de la pièce.

POUR 8 PERSONNES.

HOMARD DES ÎLES EN CACHETTE

4 homards des îles de la Madeleine

8 pommes de terre nouvelles de grosseur moyenne

50 g (3 c. à soupe) de beurre

100 ml (⅓ tasse) d'huile végétale

100 ml (⅓ tasse) de crème 35%

1 bouquet de ciboulette

1 pincée de gros sel

COURT-BOUILLON

2 litres (8 tasses) d'eau

1 carotte

1 oignon

1 queue de persil

1 feuille de laurier

sel et grains de poivre blanc

❖ Découper un couvercle au sommet de chaque pomme de terre et vider l'intérieur en creusant de petites boules à l'aide d'une cuillère parisienne. Réserver. Poser les pommes de terre évidées sur une plaque huilée. Saler et poivrer. Cuire au four 30 minutes à 350°F.

❖ Cuire le homard 7 minutes au court-bouillon. Décortiquer et couper en cubes. Dans un poêlon, faire chauffer le beurre et l'huile et cuire les petites boules de pommes de terre pendant 5 minutes. Retirer et égoutter. Cuire ensuite le homard pendant 15 minutes. Incorporer les boules de pommes de terre, la crème et la ciboulette ciselée. Bien mélanger. Farcir les pommes de terre de ce mélange. Réchauffer au four 3 à 4 minutes avant de servir.

POUR 4 PERSONNES.

En haut, le homard des îles en cachette; en bas, l'escabèche de pétoncles «minute»

DAURADE ROSE AUX GOURGANES ET AUX NOISETTES

2 daurades roses

1 kg (2 lb) de gourganes

1 oignon

30 g (2 c. à soupe) de beurre

1 branche de sarriette

100 ml (⅓ tasse) de bouillon de volaille

200 g (7 oz) de noisettes entières

100 ml (⅓ tasse) d'huile de noisette

1 citron

sel et poivre

❖ Lever les filets de daurade et retirer les arêtes. Écosser les gourganes. Faire suer l'oignon dans le beurre sans le colorer. Incorporer les gourganes et la sarriette et mouiller de bouillon de volaille. Cuire à feu doux pendant 20 minutes en veillant à ce que les gourganes ne soient pas trop fermes. Les retirer du feu et les éplucher.

❖ Rôtir les noisettes 5 minutes sous le gril. Retirer la peau et concasser avec un couteau. Réserver.

❖ Cuire les filets de daurade 5 minutes à la vapeur. Mélanger l'huile de noisette, les noisettes, le jus de citron et les gourganes encore chaudes. Saler et poivrer. Dresser la garniture de gourganes au fond de chaque assiette et y déposer un filet de daurade.

POUR 4 PERSONNES.

La daurade rose
aux gourganes et aux noisettes

La raie gratinée aux pommes de terre douces

RAIE GRATINÉE AUX POMMES DE TERRE DOUCES

2 ailerons de raie

3 pommes de terre douces

1 noix de muscade

1 bulbe de gingembre frais

500 ml (2 tasses) de crème 35%

15 ml (1 c. à soupe) de moutarde de Meaux

30 g (2 c. à soupe) de beurre

sel et poivre

❖ Lever les filets de raie. Peler les pommes de terre et les émincer finement dans le sens de la longueur. Beurrer un plat allant au four et y étaler les pommes de terre. Saler et poivrer. Râper la noix de muscade et le bulbe de gingembre et en parsemer les pommes de terre. Arroser d'un filet de crème et bien étaler à l'aide d'une spatule. Cuire 10 minutes à feu doux (250°F). Vérifier la cuisson avec la pointe d'un couteau.

❖ Fouetter le reste de la crème avec la moutarde et poivrer quelque peu. Tartiner la raie de crème, coucher sur une plaque et cuire au four à 350°F pendant 4 à 5 minutes. Colorer ensuite quelques secondes sous le gril. Couvrir le fond de chaque assiette d'une part de pommes de terre douces et déposer par-dessus un filet de raie.

POUR 4 PERSONNES.

135

L'omble de l'Arctique fumé, sauce aux mangues

OMBLE DE L'ARCTIQUE DE MON AMI LUC

1 omble de l'Arctique entier de 2 kg (4 lb)

1 sac de copeaux d'érable

2 mangues

100 ml (⅓ tasse) de vin blanc

100 g (⅓ tasse) de beurre

jus d'un demi-citron

sel et poivre

❖ Verser les copeaux d'érable dans une lèchefrite de la dimension de votre barbecue. Placer la lèchefrite sur les briquettes chaudes et installer par-dessus la grille du barbecue. Allumer les copeaux, fermer le couvercle du barbecue et laisser enfumer. Éteindre le feu et poser le poisson entier sur la grille. Entailler légèrement et assaisonner de sel et de poivre. Refermer le couvercle et fumer 15 minutes. Répéter cette opération une seconde fois, ou plus, selon la cuisson désirée.

❖ Peler les mangues et les passer au mélangeur. Dans une petite casserole, réduire le vin blanc de moitié. Monter au beurre en remuant constamment. Aromatiser du jus d'un demi-citron, de sel et de poivre. Incorporer la purée de mangue.

❖ Trancher le poisson en escalopes. Couvrir le fond de chaque assiette de beurre de mangue et y déposer le poisson.

POUR 6 PERSONNES.

THON GRILLÉ, TEMPURA AUX HERBES

800 g (1 ¾ lb) de thon frais

1 bouquet de persil plat

100 ml (⅓ tasse) d'huile d'olive

jus de 1 citron

1 bouquet de basilic violet

1 bouquet de basilic vert

1 bouquet de sauge

1 bouquet de coriandre

sel et poivre

Le thon grillé,
tempura d'herbes fraîches

PÂTE À FRIRE

150 g (1 ¼ tasse) de farine

200 ml (¾ tasse) de bière

1 oeuf

2 blancs d'oeufs

500 ml (2 tasses) d'huile végétale

❖ PÂTE À FRIRE: Mélanger la farine, la bière et l'oeuf. Monter les blancs d'oeufs en neige et les incorporer délicatement à la pâte à l'aide d'une spatule.

❖ Mettre le bouquet de persil, l'huile d'olive, le jus de citron, le sel et le poivre dans le bol d'un mélangeur. Tourner pendant 1 minute et passer au tamis. Assaisonner le thon de sel et de poivre et le griller au barbecue, environ 2 minutes de chaque côté.

❖ Plonger les herbes fraîches dans la pâte et les jeter dans une huile à friture de 350°F. Cuire 1 minute. Égoutter et saler. Déposer le thon au centre d'un plat de service et dresser le tempura d'herbes fraîches tout autour. Napper de vinaigrette de persil.

POUR 6 PERSONNES.

POÊLÉE DE RIS DE VEAU AUX DEUX SÉSAMES

1 carotte

1 oignon

1 branche de céleri

1 branche de thym frais

1 feuille de laurier

4 noix de ris de veau

200 g (7 oz) de graines de sésame blanc et noir

200 ml (¾ tasse) de jus de veau*

sel et poivre

❖ Dans une casserole à fond épais, mettre la carotte, l'oignon, le céleri, le thym et le laurier et couvrir d'eau. Plonger les ris de veau et porter à ébullition. Faire frémir 8 minutes sans jamais laisser bouillir. Retirer les ris du fond de braisage et nettoyer. Trancher en escalopes et enrober de graines de sésame; les ris doivent être complètement panés. Confectionner une sauce en mélangeant le jus de veau et le fond de braisage. Faire réduire quelque peu. Saler, poivrer et napper les ris de veau de sauce.

POUR 4 PERSONNES.

*VOIR GLOSSAIRE

MIGNON DE PORC AUX GRIOTTES

2 filets de porc

50 g (3 c. à soupe) de beurre

50 ml (3 c. à soupe) d'huile végétale

30 ml (2 c. à soupe) de miel

30 ml (2 c. à soupe) de vinaigre de vieux vin

10 ml (1 ½ c. à thé) de vin blanc sec

100 ml (⅓ tasse) de jus de veau*

100 g (3 ½ oz) de griottes dénoyautées

sel et poivre

❖ Assaisonner les filets de porc et les saisir entiers dans un peu d'huile et de beurre. Dégraisser et poursuivre la cuisson au four 10 minutes à 350°F.

❖ Faire caraméliser le miel dans un poêlon puis déglacer avec le vinaigre et le vin blanc. Faire réduire quelque peu. Ajouter le jus de veau et les griottes et laisser réduire une seconde fois jusqu'à consistance désirée. Rectifier l'assaisonnement. Trancher les filets de porc en escalopes et les déposer dans des assiettes. Verser la sauce tout autour.

POUR 4 PERSONNES.

*VOIR GLOSSAIRE

À gauche, la poêlée de ris de veau aux deux sésames; à droite, le mignon de porc aux griottes

Le pithiviers de cervelle de veau au citron vert

PITHIVIERS DE CERVELLE DE VEAU AU CITRON VERT

500 g (1 lb) de pâte feuilletée de chez votre pâtissier

2 cervelles de veau

jus de 1 citron jaune

2 citrons verts

15 g (1c. à soupe) de sucre

2 oignons verts émincés

200 ml (¾ tasse) de demi-glace de viande*

1 bouquet de ciboulette ciselée

1 oeuf

100 g (⅓ tasse) de beurre

sel et poivre

❖ Abaisser la pâte feuilletée et couper 8 petits cercles de 10 cm (4 po). Déposer sur une plaque allant au four et laisser reposer 1 heure. Peler les cervelles. Blanchir 7 minutes à feu doux dans un court-bouillon ou dans 1 litre d'eau citronnée et salée. Égoutter sur un linge.

❖ À l'aide d'un économe, peler le zeste des citrons verts en fines lamelles. Dissoudre le sucre dans 100 ml (⅓ tasse) d'eau et y confire le zeste 10 minutes à feu doux.

❖ Faire revenir les cervelles dans un peu de beurre. Dégraisser puis incorporer 100 ml (⅓ tasse) de glace de viande, les oignons verts et la ciboulette. Cuire 2 minutes et laisser refroidir. Déposer une noix de cervelle sur un premier cercle de pâte et recouvrir d'un second cercle. Pincer les bords pour bien sceller. Badigeonner les feuilletés d'oeuf battu et réfrigérer 1 heure.

❖ Cuire au four 20 minutes à 375°F. Dans une petite casserole, faire chauffer le reste de la glace de viande. Incorporer le zeste confit, faire réduire quelque peu et monter au beurre. Verser la sauce au fond de chaque assiette et y déposer un pithiviers de cervelle. Servir bien chaud.

POUR 4 PERSONNES.

*VOIR GLOSSAIRE

Le filet de boeuf à la fourme d'Ambert et au romarin

FILET DE BOEUF À LA FOURME D'AMBERT ET AU ROMARIN

4 portions de filet de boeuf

1 bouquet de romarin frais

200 ml (¾ tasse) d'huile végétale

50 g (3 c. à soupe) de beurre

200 ml (¾ tasse) de jus de veau*

250 g (½ lb) de fourme d'Ambert

sel et poivre

❖ Attacher une branche de romarin autour de chaque filet de boeuf. Assaisonner de sel et de poivre. Dans un poêlon, faire sauter les filets dans l'huile et le beurre. Retirer les filets et réserver.

❖ Jeter le gras de cuisson et déglacer avec le jus de veau. Laisser réduire avec une branche de romarin jusqu'à consistance désirée. Couper la fourme d'Ambert en fines tranches et les déposer sur les filets. Réchauffer au four quelques minutes afin que le fromage tiédisse, mais ne fonde pas. Couvrir de sauce le fond de chaque assiette et y déposer les filets. Servir immédiatement.

POUR 4 PERSONNES.

*VOIR GLOSSAIRE

ROGNONS DE VEAU ET D'AGNEAU RÔTIS AU THYM

2 rognons de veau

4 rognons d'agneau

100 ml (⅓ tasse) d'huile végétale

50 g (3 c. à soupe) de beurre

4 échalotes françaises

1 bouquet de thym frais

200 ml (¾ tasse) de jus de veau*

sel et poivre

❖ Peler les rognons de veau et d'agneau et enlever le gras et le nerf intérieur. Saler et poivrer. Poêler les rognons de veau 5 minutes dans l'huile et le beurre. Ajouter les rognons d'agneau et les échalotes émincées et cuire encore 3 minutes. Parfumer de thym frais et cuire 5 minutes au four à 350°F.

❖ Retirer du four et réserver les rognons. Jeter le gras de cuisson. Mettre la poêle sur un feu vif quelques secondes afin de pincer les sucs. Déglacer avec le jus de veau et laisser réduire.

❖ Couper les rognons en escalopes, les déposer dans les assiettes et napper de sauce. Décorer d'une branche de thym frais.

POUR 4 PERSONNES.

*VOIR GLOSSAIRE

Les rognons de veau et d'agneau rôtis au thym

141

LAPIN GRILLÉ AUX NOUILLES CROUSTILLANTES

1 lapin

jus de 1 citron

15 ml (1 c. à soupe) de moutarde de Meaux

100 ml (⅓ tasse) d'huile végétale

2 branches de romarin

2 branches de sarriette

1 paquet de vermicelles de riz

1 bouquet de ciboulette

1 bouquet de persil plat

sel et poivre

❖ Couper le lapin en morceaux. Mélanger le jus de citron, la moutarde, l'huile, le sel et le poivre. Assaisonner de feuilles de romarin et de sarriette. Badigeonner le lapin de la moitié de la vinaigrette. Saisir le lapin sur le gril en prenant soin de ne pas le ferrer. Poursuivre la cuisson au four 15 à 20 minutes à 350°F.

❖ Faire tremper les nouilles dans l'eau afin qu'elles ramollissent. Égoutter. Émincer la ciboulette et effeuiller le persil. Faire revenir les nouilles à l'huile fumante puis incorporer la ciboulette et le persil. Bien égoutter. Assaisonner de sel. Déposer un nid de nouilles au centre de chaque assiette et entourer de morceaux de lapin. Arroser légèrement du reste de la vinaigrette et servir bien chaud.

POUR 4 PERSONNES.

RAVIOLI DE MOELLE AU VIN DE BANYULS

PÂTE À RAVIOLI

500 g (4 tasses) de farine tamisée

10 g (½ c. à soupe) de sel

4 oeufs

125 ml (½ tasse) d'eau

FARCE

4 échalotes

4 champignons de Paris

10 chanterelles

60 ml (4 c. à soupe) de vin de Banyuls

300 g (10 oz) de moelle coupée en dés

1 bouquet de persil haché

SAUCE

200 ml (¾ tasse) de jus de veau*

60 ml (4 c. à soupe) de vin de Banyuls

15 g (1 c. à soupe) de beurre

À gauche, les ravioli de moelle au vin de Banyuls; à droite, le lapin grillé aux nouilles croustillantes

❖ Verser la farine sur un plan de travail. Saler. Creuser un puits au centre et casser les oeufs à l'intérieur. Bien lier avec les mains. Ajouter l'eau et pétrir jusqu'à l'obtention d'une pâte homogène. Réfrigérer 1 heure dans un linge.

❖ Hacher finement les échalotes, les champignons de Paris et les chanterelles. Faire revenir dans un peu de

beurre puis déglacer au vin de Banyuls. Faire réduire à feu vif. Incorporer la moelle coupée en petits dés et le persil haché. Laisser refroidir.

❖ Diviser la pâte en deux et l'abaisser de façon à obtenir 2 feuilles très fines. Sur la première feuille, déposer de petites noix de farce en gardant une distance d'environ 1 cm (½ po) entre chacune d'elles. Recouvrir de la seconde feuille de pâte et presser autour de chaque noix pour bien coller ensemble les deux feuilles. Couper les ravioli à l'aide d'un couteau ou d'une roulette à pâte et

les plonger dans l'eau bouillante bien salée. Dès que les ravioli montent à la surface, retirer du feu.

❖ Faire une sauce en mélangeant le jus de veau et le vin de Banyuls. Faire réduire, assaisonner et incorporer le beurre en remuant constamment. Tourner les ravioli délicatement dans la sauce et servir immédiatement dans un plat creux.

POUR 6 PERSONNES.

*VOIR GLOSSAIRE

LONGE D'AGNEAU ENTIÈRE ET GALETTE DE POMMES DE TERRE

1 kg (2 lb) de longes d'agneau du Québec, avec les os

1 bouquet de thym et de romarin

6 grosses pommes de terre nouvelles

100 ml (⅓ tasse) d'huile végétale

sel et poivre

JUS D'AGNEAU

Os et parure d'agneau

1 carotte

1 oignon

1 feuille de laurier

1 branche de thym

3 gousses d'ail

❖ Retirer le gras et les tendons des longes d'agneau. Dans une casserole, colorer les os dans un peu de beurre. Ajouter la carotte, l'oignon, le thym, le laurier et l'ail puis mouiller avec 1 litre (4 tasses) d'eau. Cuire 1 heure à feu doux.

❖ Ficeler les longes d'agneau avec les branches de thym et de romarin. Réserver sur une plaque huilée. Peler les pommes de terre sans les laver et trancher finement. Dans un poêlon, chauffer l'huile et disposer les tranches de pommes de terre en éventail afin de former une galette. Saler et poivrer. Presser légèrement à l'aide d'une spatule pour que la galette adhère bien au poêlon. Compléter la cuisson au four 5 minutes à 350°F.

❖ Saisir les longes quelques minutes sur le gril du barbecue et terminer la cuisson au four 10 minutes à 350°F. Retirer du four. Laisser réduire le jus d'agneau à consistance désirée et rectifier l'assaisonnement. Déposer une galette de pommes de terre dans chacune des assiettes. Découper les longes et les placer en éventail sur la galette.

POUR 4 PERSONNES.

La longe d'agneau et galette de pommes de terre

Le suprême de volaille vapeur aux courgettes

SUPRÊME DE VOLAILLE VAPEUR AUX COURGETTES

4 poitrines de volaille avec les os

45 ml (3 c. à soupe) d'huile végétale

10 courgettes tranchées finement

1 bouquet de thym frais

2 gousses d'ail

BOUILLON DE VOLAILLE

os de la poitrine et des ailerons

45 ml (3 c. à soupe) d'huile végétale

1 carotte

1 branche de céleri

1 oignon

2 gousses d'ail

1 feuille de laurier

1 clou de girofle

thym

estragon

sel et poivre

❖ Lever les suprêmes de volaille. Colorer les os à l'huile fumante puis ajouter les légumes, l'ail et les herbes. Cuire à feu vif quelques minutes afin de pincer les sucs. Dégraisser et mouiller avec 1 litre (4 tasses) d'eau. Laisser mijoter 2 heures et passer au chinois.

❖ Faire chauffer 30 ml (2 c. à soupe) d'huile et saisir les suprêmes de volaille à feu moyen, 5 minutes de chaque côté. Retirer du feu et dégraisser. Déglacer avec le bouillon de volaille et faire réduire. Faire sauter les courgettes avec le reste de l'huile d'olive, le thym et l'ail. Réserver. Terminer la cuisson des suprêmes de volaille à la vapeur pendant 8 à 10 minutes. Dans une assiette, disposer les courgettes en éventail et les suprêmes au centre. Napper de bouillon réduit et décorer d'une branche de thym.

POUR 4 PERSONNES.

～ Les desserts ～

GÂTEAU OUISTITI

BISCUIT

500 ml (2 tasses) de blancs d'oeufs

300 g (10 oz) d'amandes moulues

300 g (1 ¼ tasse) de sucre à glacer

180 g (6 ½ oz) de chocolat amer

500 ml (2 tasses) de crème 35%

100 g (3 ½ oz) de pralin de noisette

15 ml (1 c. à soupe) d'alcool de noisette

50 g (3 c. à soupe) de poudre de cacao

CRÈME ANGLAISE

6 jaunes d'oeufs

125 g (½ tasse) de sucre

500 ml (2 tasses) de lait

1 gousse de vanille

Le gâteau ouistiti

❖ Étaler une feuille de papier ciré sur une plaque à biscuits. Beurrer et fariner. Monter les blancs d'oeufs en neige ferme. Incorporer les amandes et le sucre à glacer à l'aide d'une spatule. Verser dans une poche à pâtisserie munie d'une douille unie et coucher sur la plaque à biscuits. Cuire à feu doux (200°F) pendant 45 minutes. Laisser refroidir.

❖ Faire fondre le chocolat au bain-marie. Fouetter la crème et en incorporer la moitié au chocolat. Découper le biscuit en 3 portions égales dans le sens de la longueur. Incorporer le pralin et l'alcool de noisette au reste de la crème fouettée.

❖ Monter le gâteau en alternant successivement le biscuit, la crème au chocolat et le pralin. Terminer par une couche de biscuit et glacer tous les côtés du gâteau de crème au chocolat. Réfrigérer 2 heures.

❖ CRÈME ANGLAISE: Battre les jaunes d'oeufs et le sucre jusqu'à consistance onctueuse. Porter le lait à ébullition et verser sur les jaunes d'oeufs avec la vanille. Bien mélanger. Remettre sur le feu et remuer jusqu'à ce que la crème adhère à la spatule. Avant de servir, saupoudrer le gâteau de poudre de cacao. Couper en tranches et accompagner de crème anglaise.

POUR 8 PERSONNES.

La tarte aux reines-claudes

TARTE
AUX REINES-CLAUDES

PÂTE

225 g (¾ tasse) de beurre

225 g (¾ tasse) de sucre

1 pincée de sel

3 oeufs

425 g (3 ½ tasses) de farine

CRÈME PÂTISSIÈRE

3 jaunes d'oeufs

125 g (½ tasse) de sucre

15 g (2 c. à soupe) de farine

15 g (1 c. à soupe) de poudre à crème (facultatif)

250 ml (1 tasse) de lait

sucre à glacer

15 ml (1 c. à soupe) d'eau-de-vie de prune

1 gousse de vanille

1 panier de reines-claudes coupées en deux et dénoyautées

50 g (3 c. à soupe) de sucre à glacer

❖ Mélanger dans un bol le beurre, le sucre et le sel. Incorporer les oeufs et mélanger. Ajouter la farine et bien lier jusqu'à l'obtention d'une pâte homogène, en faisant attention de ne pas trop brasser. Réfrigérer 2 heures.

❖ CRÈME PÂTISSIÈRE: Battre les jaunes d'oeufs et le sucre jusqu'à consistance onctueuse. Ajouter ensuite la farine et la poudre à crème. Porter le lait à ébullition et le verser sur les jaunes. Remettre sur le feu et porter à ébullition. Retirer aussitôt et laisser refroidir la crème pâtissière sur une plaque à biscuits saupoudrée de sucre à glacer, afin qu'elle ne forme pas de croûte.

❖ Foncer un moule à tarte d'une abaisse et laisser reposer 1 heure au frigo. Mélanger à la crème pâtissière refroidie l'eau-de-vie de prune et la vanille. Cuire l'abaisse 15 minutes à feu doux (250°F). Retirer du four et y verser la crème pâtissière. Garnir de reines-claudes. Saupoudrer de sucre à glacer et cuire au four 35 minutes à 250°F.

POUR 8 PERSONNES.

147

SOUPE DE FRUITS AU SAUTERNES

24 cerises

4 abricots

1 mangue

1 papaye

12 fraises

1 panier de groseilles

4 fruits de la passion

1 bouteille de vin de Sauternes (ou autre vin liquoreux)

1 bouquet de menthe fraîche

❖ Couper les fruits et les déposer dans un grand bol. Arroser généreusement de sauternes et réserver 1 heure au frais. Décorer de quelques feuilles de menthe.

❖ NOTE: Ce dessert s'accompagne bien de sorbet à la menthe.

POUR 8 PERSONNES.

GOURMANDISES DES ANTILLES

1 noix de coco

1 bulbe de gingembre frais

300 g (1 ¼ tasse) de sucre

MERINGUE

4 blancs d'oeufs

125 g (½ tasse) de sucre

150 g (⅔ tasse) de sucre à glacer

MOUSSE AU CHOCOLAT

160 g (5 oz) de chocolat amer

3 blancs d'oeufs

85 g (5 ½ c. à soupe) de sucre

100 ml (⅓ de tasse) de crème 35%

❖ Casser la noix de coco et réserver le lait. Peler le gingembre. Hacher la pulpe de noix de coco et le gingembre. Faire réduire le lait de coco. Mélanger ensemble les 300 g de sucre, le lait de coco réduit, le gingembre et la noix de coco et cuire 15 à 20 minutes à feu doux. Verser sur une plaque légèrement huilée.

❖ Monter les blancs d'oeufs de la meringue en neige ferme puis incorporer le sucre. Saupoudrer de sucre à glacer, mélanger délicatement et couvrir le fond d'un moule à gâteau de 30 cm. Cuire au four 1 h 30 à 150°F.

❖ Hacher le chocolat amer et le faire fondre doucement au bain-marie. Monter les 3 blancs d'oeufs en neige et incorporer au chocolat à l'aide d'une spatule. Fouetter

ensuite la crème et incorporer au chocolat. Passer le composé de noix de coco et de gingembre au mélangeur et incorporer la crème de chocolat.

❖ Verser le chocolat à la noix de coco sur la meringue refroidie. Lisser avec une spatule et réfrigérer 2 heures. Démouler avec un linge chaud. Décorer de copeaux de chocolat et parsemer de noix de coco fraîche et de gingembre.

POUR 6 PERSONNES.

ÉVENTAIL DE PÊCHES JAUNES, GLACE À LA PISTACHE

250 g (½ lb) de pistaches

500 ml (2 tasses) de lait

500 ml (2 tasses) de crème 35%

8 jaunes d'oeufs

250 g (1 tasse) de sucre

8 pêches jaunes

SIROP

300 g (1 ¼ tasse) de sucre

300 ml (1 ¼ tasse) d'eau

1 citron

1 orange

1 bâton de cannelle

❖ Plonger les pistaches dans une petite casserole d'eau et porter à ébullition. Retirer du feu aussitôt. Enlever la peau des pistaches et hacher finement.

❖ CRÈME ANGLAISE: Porter à ébullition le lait et la crème. Incorporer les pistaches et laisser infuser. Battre les jaunes d'oeufs et le sucre jusqu'à consistance onctueuse. Verser dessus le lait aux pistaches encore chaud et bien brasser. Remettre sur le feu et remuer continuellement avec une spatule. Lorsque la crème nappe la spatule, retirer du feu. Verser dans un bol et réfrigérer.

❖ Sur feu doux, pocher les pêches pendant 15 minutes dans un sirop composé de sucre, d'eau, de cannelle, d'écorces de citron et d'orange. Retirer du feu, égoutter et enlever la peau des pêches. Trancher et dresser en éventail. Accompagner de glace à la pistache.

POUR 8 PERSONNES.

En haut, les gourmandises des Antilles;
au centre, la soupe de fruits au sauternes;
en bas, l'éventail de pêches jaunes,
glace à la pistache

TERRINE DE SORBET TROIS COULEURS

350 g (¾ lb) de fraises

350 g (¾ lb) de framboises

2 citrons

1 bouquet de menthe fraîche

SIROP À SORBET

500 g (2 tasses) de sucre

400 ml (1 ⅔ tasse) d'eau

50 g (3 c. à soupe) de glucose (facultatif)

❖ Mélanger ensemble les ingrédients du sirop et porter à ébullition. Retirer aussitôt du feu et réserver. Passer les fraises au mélangeur, filtrer puis verser dans un bol. Répéter l'opération pour les framboises en les versant dans un bol différent. Ajouter 100 ml (⅓ tasse) de sirop et le jus d'un demi-citron dans chacun des deux bols. Laisser reposer et passer à la sorbetière*.

❖ Confectionner le sorbet de menthe en infusant 12 feuilles de menthe fraîche dans 200 ml de sirop chaud. Ajouter le jus d'un citron et laisser refroidir. Filtrer et passer à la sorbetière. Monter les sorbets en terrine en alternant les couleurs et laisser 4 heures au congélateur. Servir le jour même.

POUR 6 PERSONNES.

*VOIR GLOSSAIRE

GRANITÉ DE PASTÈQUE AU VIN DE MUSCAT

500 g (1 lb) de pastèque

200 g (¾ tasse) de sucre

jus de ½ citron

500 ml (2 tasses) de vin de muscat (Beaumes-de-Venise)

❖ Retirer les pépins de la pastèque et passer la pulpe au mélangeur.

❖ Mélanger le sucre et 100 ml (⅓ tasse) d'eau et porter à ébullition. Laisser refroidir et verser sur le jus de pastèque. Arroser de 250 ml (1 tasse) de vin de muscat et du jus d'un demi-citron. Mélanger au fouet. Verser dans un contenant de plastique plat et mettre au congélateur 2 heures pour que le granité se solidifie. Servir le granité dans une coupe et arroser du reste du vin de muscat.

POUR 8 PERSONNES.

*À gauche, la glace à la rhubarbe et
aux fraises (recette p. 152);
au centre, la terrine de sorbet trois couleurs;
à droite, le granité de pastèque
au vin de muscat*

TARTE AUX PRUNES RENVERSÉE

500 g (1 lb) de pâte feuilletée de chez votre pâtissier

1 panier de prunes italiennes violettes

200 g (¾ tasse) de sucre

100 g (⅓ tasse) de beurre

❖ Abaisser la pâte feuilletée au rouleau. Couper les prunes en deux sur le sens de la longueur et les dénoyauter. Beurrer le fond d'une grande poêle et saupoudrer de sucre. Couvrir la surface de prunes et laisser caraméliser à feu moyen. Combler le fond de nouvelles prunes à mesure que les premières rapetissent. Recouvrir de la pâte feuilletée et cuire au four à 400°F pendant 20 minutes environ. Retirer du four dès que le feuilletage présente une belle couleur blonde. Renverser sur une grande assiette et servir tiède.

POUR 8 PERSONNES.

GRATIN DE BLEUETS, GLACE À LA SAUGE CITRONNÉE

1 panier de bleuets

GLACE À LA SAUGE CITRONNÉE

8 oeufs

250 g (1 tasse) de sucre

500 ml (2 tasses) de lait

500 ml (2 tasses) de crème 35%

6 feuilles de sauge citronnée

CRÈME PÂTISSIÈRE

6 oeufs

250 g (1 tasse) de sucre

25 g (¼ tasse) de farine

25 g (2 c. à soupe) de poudre à crème (facultatif)

1 gousse de vanille

500 ml (2 tasses) de lait

sucre à glacer

500 ml (2 tasses) de crème 35%

15 ml (1 c. à soupe) d'eau-de-vie de framboise

❖ CRÈME PÂTISSIÈRE: Battre les jaunes d'oeufs et le sucre jusqu'à consistance onctueuse. Ajouter ensuite la farine et la poudre à crème. Porter le lait à ébullition et le verser sur les jaunes d'oeufs avec la vanille. Remettre sur le feu et porter à ébullition. Retirer aussitôt et laisser refroidir la crème pâtissière sur une plaque à biscuits saupoudrée de sucre à glacer, afin qu'elle ne forme pas de croûte. Fouetter la crème 35% et incorporer à la crème pâtissière à l'aide d'une spatule jusqu'à ce que le tout soit onctueux. Incorporer l'eau-de-vie de framboise et réserver.

❖ GLACE À LA SAUGE CITRONNÉE: Battre les jaunes d'oeufs et le sucre jusqu'à consistance onctueuse. Porter le lait à ébullition et verser sur les jaunes d'oeufs. Bien mélanger. Remettre sur le feu et remuer jusqu'à ce que la crème nappe la spatule. Hacher finement les feuilles de sauge citronnée et incorporer à la crème anglaise. Passer à la sorbetière et réserver au congélateur.

❖ Mélanger les bleuets et la crème pâtissière et verser dans une assiette creuse. Gratiner sous le gril jusqu'à l'obtention d'une belle couleur blonde. Accompagner de glace à la sauge citronnée et servir immédiatement.

POUR 8 PERSONNES.

GLACE À LA RHUBARBE ET AUX FRAISES

6 branches de rhubarbe bien rouge

1 panier de fraises des champs

400 g (1 ⅔ tasse) de sucre

500 ml (2 tasses) de lait

500 ml (2 tasses) de crème 35%

8 jaunes d'oeufs

1 citron

❖ Peler et couper la rhubarbe en tronçons. Équeuter les fraises. Cuire la rhubarbe 25 minutes avec 150 g (⅔ tasse) de sucre. Ajouter les fraises et poursuivre la cuisson encore 10 minutes.

❖ CRÈME ANGLAISE: Battre les jaunes d'oeufs et le sucre jusqu'à consistance onctueuse. Porter le lait et la crème à ébullition et verser sur les jaunes d'oeufs. Bien mélanger. Remettre sur le feu et remuer jusqu'à ce que la crème nappe la spatule. Retirer du feu et réfrigérer. Passer ensuite la crème à la sorbetière et mélanger avec la compote de rhubarbe et de fraises. Garder au congélateur 4 heures. *Photo p. 151*

POUR 6 PERSONNES.

En haut, le gratin de bleuets et sa glace à la sauge citronnée; en bas, la tarte aux prunes renversée

L'Automne

L'automne d'ici est généreux. Il ne compte pas son or: il le distribue à larges gouttelettes qui scintillent au soleil qui fuit. Il verse, sur les feuilles, de grandes rasades de pourpre et de carmin et les enivre de capiteux nectars. Ce n'est pas par orgueil qu'il brille de tous ses feux mais pour partager sa richesse accumulée.

L'automne est généreux. Les vergers débordent de fruits: de cerises bien juteuses; de pommes sucrées ou amères, tendres ou croquantes, macIntosh, lobos, spartanes, rouges, vertes ou jaunes de robe; de prunes aussi, fameuses, saint-laurent, mirabelles, reines-claudes, importées comme leurs consoeurs, par Champlain et les pères Récollets, des terroirs de Normandie sur les bateaux partis, au début du XVIIᵉ siècle, de Honfleur et autres ports de la Manche.

Avant l'engourdissement de l'hiver, le blé d'ensile et les animaux broutent dans leurs pacages une herbe rafraîchie par les températures qui baissent, régulièrement mouillée par la rosée et le ciel qui pleure — peut-être — la fin de l'été. Ils allongent la langue et en profitent avant de se coucher dans les prés pour ruminer à pleines dents.

L'automne, c'est le temps des champignons, bolets et psalliotes, armillaires couleur de miel, des mises en conserve, des *cannages* d'antan, des confitures et coulis. Les techniques ont changé et la réfrigération, mieux que les caveaux et glacières, permet de déguster à l'année des produits qui semblent tout frais récoltés. Mais les gestes, même transformés, durent et transmettent une forme de savoir. Un héritage.

À l'automne, des oiseaux innombrables prennent la direction du sud, picorant l'horizon de formes mouvantes et de cris. À l'orée des bois, au bord des plans d'eau, des chasseurs les mettent dans leurs mires et parfois dans leurs gibecières. Ils traquent aussi, les sens aux aguets, les *perdrix* et le gros gibier, rêvant de belles pièces de *chevreuils* et d'orignaux.

Depuis quelques années, les vignobles, implantés à l'époque du Régime français et disparus sous les exigences du climat, ont refait surface. Près de Québec, dans l'Estrie et à Huntingdon, des ceps, issus de croisements adaptés, tel le seyval blanc, revrillent le sol et donnent fruits et alcools qui de plus en plus récoltent prix et honneurs ici et l'étranger. Le mot s'est passé: en faire la tournée a trouvé une place qui gagne en popularité sur les itinéraires touristiques.

Dès la mi-septembre viendront les citrouilles. Elles feront des purées, des soupes et des tartes. Elles s'empileront en tertres fantasques sur les marchés, grosses ou petites, et finiront, percées de yeux, de nez et de bouches dentelées, rieuses ou grimaçantes, éclairées de bougies vacillantes pour baliser la joie des enfants le soir de l'Halloween. Comme pour conjurer les mystères et les sorcelleries de la terre avant le long sommeil.

Pages précédentes: peuplée de feuillus où percent
des conifères, la forêt laurentienne s'étend à perte de vue.

Ci-dessous: remarquable par ses bois aplatis
en éventail, l'orignal est un bon nageur
qui aime fréquenter les milieux aquatiques.

L'automne de Jacques Robert

Feuilles mobiles dans les arbres, dans les airs et sur le sol, poussées par le vent frais. L'automne est arrivé, temps consacré des métamorphoses, saison où la terre livre enfin tout ce qu'elle recelait encore de nourriture, où tout retourne en elle pour éventuellement renaître. L'automne, saison des souvenirs. Après s'être extériorisé sous le soleil de l'été, on rentre en soi, méditatif et rêveur. Une saison complexe dont les nuances pourraient servir à exprimer Jacques Robert, ce chef au cheminement original qui allie la vitalité de l'innovation à la pertinence de la tradition.

Né en Île-de-France, à l'orée de cette belle forêt de Compiège aux arbres ancestraux et au sol moussu où courent les renards, Jacques Robert est malgré toutes ses recherches ultérieures demeuré fidèle aux saveurs proches de la nature et du terroir, comme en signe de fidélité à ce souvenir puissant qui l'habite depuis l'enfance. Celui de cette «cuisine bourgeoise» que préparait avec grand talent sa grand-mère, cuisinière dans une maison de la bourgeoisie locale, maison à laquelle son grand-père était aussi attaché par ses fonctions de jardinier-maraîcher. «Je fais spontanément une cuisine sophistiquée, parce que c'est dans mon tempérament et mon éducation» dit-il, se remémorant le cérémonial raffiné qui entourait alors le moindre repas autour de cette table où, même les midis, on servait plusieurs couverts et où trônait l'argenterie et la belle vaisselle. Et d'ajouter l'oeil allumé «quand tu vieillis, tu reviens à tes plats d'enfance» en pensant à cette époque dorée où, à la fois gourmand et fasciné, il demeurait vissé à sa chaise devant cette magnifique mise en scène de beaux couverts et de bonnes odeurs qui flottaient dans l'air alors que

L'émincé de lapereau et sauté de champignons aux frites de céleri-rave (recette p. 174).

tous les autres enfants s'étaient déjà depuis longtemps précipités dehors pour aller jouer.

On pourrait penser qu'à cette image d'enfance répond une vocation précoce. Pourtant non, le feu a couvé un bon moment, le goût des voyages l'amenant à travailler en restauration, mais en tant que serveur à bord des bateaux faisant croisière vers le Sud, entre Europe et Afrique. Et puis il faillit accepter un job dans un grand hôtel français d'Afrique, mais il y avait ce Québec dont des amis lui avaient vanté les grands espaces et la vie différente. Élan de la volonté, puissance des souvenirs d'enfance? Jacques en a soudainement assez, dans ce restaurant chic de la ville de Québec, de servir une cuisine continentale dénaturée. Il passe le mur, rend son tablier de serveur, prend celui du chef et, avec un courage un peu fou, repart à zéro.

Sa témérité recèle un grand avantage. Autodidacte, il s'est créé un répertoire très personnel, il est devenu à force de persévérance un esprit libre dont la créativité ne connaît d'autres limites que celles qu'il cherche à dépasser en renouvelant son langage. Manger chez lui, c'est un peu faire l'école buissonnière, partir à l'aventure sans attache si ce n'est, paradoxalement, ce plaisir de découvrir la séduisante nouveauté des plats de la «vraie cuisine classique» dépouillés des artifices et des sauces-couvertures de chefs paresseux. À l'image du jazzman qui se lance dans une improvisation inouïe à partir d'un bon vieux thème de blues, il va son chemin, proposant ses variations souvent nées de l'inspiration du moment avec ce qui se trouvait à portée de poêle avec, en appui, de belles découvertes faites dans l'histoire de la cuisine européenne.

Voici les plats d'automne d'un chef qui a installé son restaurant au milieu des champs, au tournant d'une petite rivière.

Pierre-Yves Marcoux

Les entrées et les soupes

BETTERAVE RÔTIE À LA TRUITE FUMÉE

6 petites betteraves pelées

3 truites fumées

125 ml (½ tasse) de vin blanc

1 oignon

15 ml (1 c. à soupe) de crème 35%

1 citron

125 g (½ tasse) de beurre salé

25 ml (5 c. à thé) de caviar

quelques brins de ciboulette

❖ Emballer les betteraves dans une feuille de papier d'aluminium et cuire au four 40 minutes à 375°F. Émincer les truites. Faire réduire le vin blanc avec l'oignon émincé jusqu'à consistance sirupeuse. Incorporer la crème, quelques gouttes de citron et le beurre froid en petits cubes. Remuer continuellement, sans jamais bouillir, jusqu'à l'obtention d'une belle consistance. Réserver.

❖ Retirer les betteraves du four. Couper les têtes et les trancher. Disposer dans chaque assiette les tranches de truites fumées et les tranches de betteraves en alternant. Garnir de caviar. Napper de sauce et parsemer de ciboulette ciselée.

POUR 6 PERSONNES.

La betterave rôtie à la truite fumée

À gauche, les crêpes de maïs au caviar; à droite, le potage à l'oignon et aux pommes

Potage à l'oignon, au curry et aux pommes Saint-Hilaire

15 g (1 c. à soupe) de beurre

6 oignons

2 pommes, râpées

1 litre (4 tasses) de bouillon de boeuf corsé

5 ml (1 c. à thé) de curry

7,5 ml (½ c. à soupe) de crème 35% par personne

❖ Dans une casserole, faire fondre le beurre et dorer les oignons émincés et le curry. Incorporer les pommes râpées et le bouillon de boeuf. Laisser mijoter 15 minutes et verser dans des bols. Couronner d'une cuillerée de crème fouettée.

Pour 6 personnes.

Crêpes de maïs au caviar

400 g (12 oz) de maïs en grains

2 oeufs

250 ml (1 tasse) de lait

100 g (1 tasse) de farine

60 ml (4 c. à soupe) de crème 35%

1 échalote hachée

60 ml (4 c. à soupe) de caviar

sel et poivre

❖ Mélanger au robot la moitié du maïs, les oeufs, le lait et la farine. Laisser reposer 1 heure.
❖ Cuire les crêpes en parsemant chacune d'elles de quelques grains de maïs. Fouetter la crème avec les échalotes. Garnir les crêpes d'une cuillerée de caviar et de crème fouettée.

Pour 4 personnes.

DIM SUM DE CHEVREUIL ET CAILLES SAUCE AIGRE-DOUCE

PURÉE DE CHEVREUIL

1 kg (2 lb) de parures* de chevreuil

30 g (2 c. à soupe) de beurre

1 oignon

2 carottes

2 branches de céleri

3 branches de persil

15 ml (1 c. à soupe) de bouillon de volaille ou de boeuf

500 ml (2 tasses) de vin rouge

1 paquet de pâte à dim sum

6 cailles

miel

moutarde

15 g (1 c. à soupe) de beurre

SAUCE AIGRE-DOUCE

2 ml (1 c. à café) de moutarde

15 ml (1 c. à soupe) de miel

5 ml (1 c. à thé) de curry

100 ml (⅓ tasse) de vinaigre balsamique

50 ml (¼ tasse) de bouillon de volaille ou de chevreuil

50 ml (¼ tasse) d'huile de noix

50 ml (¼ tasse) d'huile d'olive

fines herbes au goût

quelques feuilles de laitue

❖ Couper l'oignon, les carottes et le céleri en dés. Colorer les parures de chevreuil dans le beurre. Ajouter les oignons, les carottes, le céleri et le persil et mouiller avec le bouillon et le vin rouge. Laisser réduire jusqu'à ce que la viande soit tendre. Passer au robot culinaire puis au chinois. Déposer une cuillerée de purée sur une moitié de dim sum et replier en demi-lune. Pincer les extrémités pour bien sceller. Prévoir 3 dim sum par personnes. Congeler le reste de la purée pour usage ultérieur.

❖ Désosser les cailles et les badigeonner de moutarde et de miel. Confectionner une sauce aigre-douce en délayant la moutarde, le miel et le curry avec le vinaigre et le bouillon. Incorporer les huiles et les fines herbes et réserver au chaud pour tiédir l'ensemble.

❖ Dans un poêlon, cuire les cailles 3 à 4 minutes dans un peu de beurre. Cuire les dim sum 3 minutes à la vapeur ou jusqu'à ce que l'enveloppe soit tranparente. Dresser quelques feuilles de laitue au centre d'une assiette et y déposer les dim sum. Entourer de cailles et napper le tout de sauce aigre-douce.

POUR 6 PERSONNES.

*VOIR GLOSSAIRE

BAVAROIS DE FOIE GRAS

2 feuilles de gélatine (ou ½ sachet)

500 ml (2 tasses) de lait

50 g (2 oz) de cèpes hachés

6 jaunes d'oeufs

100 g (3 ½ oz) de foie gras de canard

100 g (3 ½ oz) de foie de volaille

250 ml (1 tasse) de crème 35%

❖ Faire gonfler la gélatine 10 minutes dans l'eau puis la faire fondre à feu doux en remuant constamment. Laisser tiédir.

❖ Faire bouillir le lait avec les cèpes. Incorporer les jaunes d'oeufs et laisser épaissir tout en remuant. Retirer du feu et ajouter la gélatine fondue. Couper le foie de canard et de volaille en petits dés et les incorporer au mélange. Passer au mélangeur et laisser tiédir. Incorporer alors la crème fouettée et verser dans un moule. Réfrigérer. Servir sur une salade amère accompagné de confiture de tomates (recette p. 184).

POUR 6 PERSONNES.

VELOUTÉ D'ENDIVES AUX PÉTONCLES

8 endives

1 litre (4 tasses) de bouillon de poulet

500 ml (2 tasses) de crème 35%

15 ml (1 c. à soupe) de sirop d'érable

15 g (1 c. à soupe) de beurre

500 g (1 lb) de pétoncles

3 oeufs

❖ Couper les endives en deux et retirer la partie amère à l'intérieur. Émincer 6 endives et les cuire 20 minutes dans le bouillon. Passer au mélangeur et tamiser. Incorporer la crème et réserver au chaud.

❖ Émincer les 2 autres endives et cuire dans 250 ml (1 tasse) d'eau, le sirop d'érable et un peu de beurre pendant 20 minutes ou jusqu'à ce que les endives se soient caramélisées. Émincer finement les pétoncles et les déposer au fond de bols à soupe très chauds. Dans un cul-de-poule (ou au bain-marie), fouetter les oeufs à feu très doux jusqu'à l'obtention d'une consistance crémeuse comme un sabayon. Mélanger ensuite au bouillon d'endives et verser sur les pétoncles. Décorer d'endives à l'érable.

POUR 6 PERSONNES.

*En haut, le velouté d'endives aux pétoncles;
au centre, le bavarois de foie gras;
à droite, les dim sum de chevreuil et
cailles sauce aigre-douce*

CRÈME DE GINGEMBRE AUX LANGOUSTINES ET AU MELON

1 bulbe de gingembre

18 langoustines

1 pomme de terre coupée en dés

1 melon bien mûr

5 ml (1 c. à thé) de pastis

quelques feuilles d'estragon

200 ml (¾ tasse) de crème 35%

❖ Peler le gingembre et le couper en dés. Cuire dans 500 ml (2 tasses) d'eau avec les carcasses de langoustines et la pomme de terre pendant 20 minutes. Passer ensuite au robot puis au chinois et réserver.

❖ Prélever de petites boules de melon à l'aide d'une cuillère parisienne et les faire mariner dans le pastis auquel on a ajouté quelques feuilles d'estragon. Couper les langoustines en quatre et les déposer au fond de bols à soupe très chauds afin de les tiédir. Incorporer la crème dans le bouillon de langoustine et verser très chaud sur les langoustines. Garnir de boules de melon et arroser du jus de la marinade.

POUR 6 PERSONNES.

À gauche, la crème de gingembre aux langoustines et au melon;
à droite, le sauté de pleurotes aux huîtres

SAUTÉ DE PLEUROTES AUX HUÎTRES, BEURRE DE POIVRON ROUGE

2 poivrons rouges

6 petits pleurotes

24 huîtres

125 ml (½ tasse) de vin blanc

60 ml (4 c. à soupe) de vinaigre de xérès

1 échalote hachée

150 g (⅔ tasse) de beurre salé

❖ Peler les poivrons rouges. Couper le premier en julienne et le second en dés. Confire la julienne de poivrons 15 minutes à feu doux dans un peu d'huile. Sauter les pleurotes au beurre et réserver.

❖ Ouvrir les huîtres, réserver la chair et passer le jus au tamis. Combiner le vin blanc, le vinaigre, les dés de poivrons et l'échalote et faire réduire de moitié. Passer au mélangeur puis au tamis. Remettre sur le feu et monter au beurre en remuant continuellement. Ajouter le jus d'huître.

❖ Réchauffer les huîtres dans l'eau qu'elles auront rendue et les disposer harmonieusement dans les assiettes de service avec les pleurotes. Napper de beurre de poivron et garnir de la julienne confite.

POUR 4 PERSONNES.

La tartelette de pétoncles au coulis de poivron rouge

TARTELETTE DE PÉTONCLES AU COULIS DE POIVRON ROUGE

FONDUE DE LÉGUMES

1 tomate

1 poivron rouge

1 courgette

1 oignon

1 aubergine

1 gousse d'ail

15 ml (1 c. à soupe) de pâte de tomates

quelques feuilles de basilic

2 poivrons rouges

250 ml (1 tasse) de bouillon de volaille

6 petites tartelettes

3 gros pétoncles

1 boîte de filets d'anchois

3 olives noires

cerfeuil

❖ Couper les légumes de la fondue en brunoise et faire sauter séparément à l'huile d'olive. Mélanger les légumes et incorporer l'ail et la pâte de tomates. Assaisonner de sel, de poivre et de basilic haché. Cuire les poivrons rouges sous le gril pendant 30 minutes, peler la peau et cuire dans l'eau bouillante 30 minutes. Passer au mélangeur et incorporer avec le bouillon de volaille.

❖ Cuire les tartelettes au four selon le mode d'emploi. Y verser la fondue de légumes et poser dessus les pétoncles émincés. Décorer de filets d'anchois et déposer au centre une demi-olive noire. Mettre au four 7 à 8 minutes et parsemer de cerfeuil. Déposer sur le coulis.

POUR 6 PERSONNES.

165

Les plats principaux

MORUE FRAÎCHE EN FILO

6 feuilles de pâte filo

beurre fondu

6 morceaux de morue fraîche (ou de cabillaud)

1 céleri-rave

30 ml (2 c. à soupe) de vinaigre de vin blanc

1 oignon émincé

15 ml (1 c. à soupe) de crème 35%

125 g (½ tasse) de beurre en morceaux

sauce aux huîtres*

❖ Bien étaler les feuilles de pâte filo et les badigeonner de beurre fondu. Saler et poivrer la morue et déposer les morceaux au centre de chaque feuille. Râper le céleri-rave et en parsemer les morceaux de morue. Refermer les feuilles en donnant du volume. Cuire au four 12 minutes à 375°F.

❖ Pendant ce temps, faire réduire le vinaigre et l'oignon avec 45 ml (3 c. à soupe) d'eau jusqu'à ce que le mélange soit sirupeux. Incorporer la crème et le beurre en remuant continuellement. Tapisser le fond des assiettes de sauce et déposer au centre la morue en filo. Ceinturer d'un peu de sauce aux huîtres.

POUR 6 PERSONNES.

* *VENDUE DANS LES ÉPICERIES CHINOISES*

La morue fraîche en filo

166

Le saumon au sel et brandade de morue aux herbes

Saumon au sel et brandade de morue à l'huile d'olive et aux herbes

400 g (12 oz) de morue salée

450 g (14 oz) de gros sel

1 saumon désossé

200 ml (¾ tasse) d'huile d'olive

2 gousses d'ail

100 ml (⅓ tasse) de crème

100 g (3 ½ oz) de pommes de terre écrasées

quelques gouttes de jus de citron

Huile aux herbes

estragon, basilic, persil, ciboulette au goût

1 gousse d'ail

1 échalote

250 ml (1 tasse) d'huile d'olive

100 ml (⅓ tasse) de vinaigre balsamique

sel et poivre

❖ À EXÉCUTER LA VEILLE: Dessaler la morue en la baignant 3 heures dans l'eau froide. Changer l'eau souvent. Porter à ébullition 1,5 litre d'eau additionnée de gros sel. Laisser l'eau refroidir et y tremper le saumon pendant 3 heures. Retirer ensuite le saumon et rincer.

❖ Couper la morue en tronçons. Porter 1 litre d'eau à ébullition et pocher la morue pendant 15 minutes. Égoutter et effeuiller la chair. Ajouter 100 ml (⅓ tasse) d'huile d'olive et l'ail pressé et mélanger jusqu'à l'obtention d'une pâte. Incorporer le reste de l'huile, la crème, la purée de pommes de terre et le jus de citron. Saler et poivrer.

❖ Hacher les fines herbes, l'ail et l'échalote et combiner à l'huile d'olive et au vinaigre. Saler et poivrer. Couper le saumon en portions et les déposer sur une plaque recouverte de papier d'aluminium huilé. Cuire au four à 375°F pendant 3 minutes.

❖ Déposer une cuillerée de brandade au fond de chaque assiette et recouvrir de saumon. Napper d'huile aux herbes et servir.

Pour 8 personnes.

DORÉ AU CAVIAR ET AUX POMMES DE TERRE

6 filets de doré

3 grosses pommes de terre

1 échalote hachée

60 ml (4 c. à soupe) de vin blanc

250 ml (1 tasse) de crème 35%

quelques gouttes de jus de citron

quelques brins de ciboulette

90 ml (6 c. à soupe) de caviar

❖ Peler et couper les pommes de terre en dés. Cuire 20 minutes dans une casserole d'eau bouillante. Placer les filets de doré dans une sauteuse et y verser le vin et l'échalote. Cuire au four 4 à 5 minutes à 375°F. Ajouter la crème, le jus de citron et les pommes de terre et laisser réchauffer au four 1 minute. Tartiner les filets de caviar et parsemer de ciboulette ciselée.

POUR 6 PERSONNES.

MÉDAILLON D'ESTURGEON AUX CHAMPIGNONS SAUVAGES

200 ml (¾ tasse) d'huile de noix

60 ml (4 c. à soupe) de vinaigre balsamique

2,5 ml (½ c. à thé) de curry

250 g (8 oz) de champignons sauvages tranchés

1 échalote hachée

fines herbes au choix

6 médaillons d'esturgeon

15 ml (1 c. à soupe) de moutarde

quelques gouttes de glace de homard*

quelques brins de ciboulette

poivre

❖ Mélanger l'huile de noix, le vinaigre et le curry. Poivrer et réserver. Sauter les champignons et l'échalote à feu très vif avec les fines herbes. Réserver au chaud.

❖ Enduire les médaillons d'esturgeon de moutarde. Les déposer sur une plaque recouverte de papier d'aluminium beurré et cuire au four à 375°F pendant environ 7 minutes. Tapisser le fond de chaque assiette de champignons et y coucher les médaillons. Ceinturer d'un filet de vinaigrette et arroser de quelques gouttes de glace de homard. Décorer de ciboulette ciselée.

POUR 6 PERSONNES.

*VOIR GLOSSAIRE

En haut, le doré au caviar et aux pommes de terre; en bas, le médaillon d'esturgeon aux champignons sauvages

Truite du lac au confit de légumes

6 truites

3 carottes

3 navets rabioles

3 branches de céleri

1 poivron

18 pois mange-tout

200 ml (¾ tasse) de bouillon de poisson ou de volaille

60 ml (4 c. à soupe) d'huile d'olive

2 citrons tranchés en 8

1 bouquet chacun de basilic, d'estragon et de ciboulette

❖ Retirer les arêtes des truites et les ouvrir en deux. Couper tous les légumes en julienne et les cuire dans une sauteuse avec le bouillon, l'huile d'olive et les 2 citrons pendant environ 10 minutes. Hacher les herbes finement et incorporer aux légumes. Étaler les truites sur une plaque beurrée et cuire au four 7 minutes à 375°F. Servir les truites sur leur confit de légumes.
Pour 6 personnes.

À gauche, la truite du lac au confit de légumes;
à droite, le mignon de saumon
aux vermicelles chinois et au soja

Rouelles de saumon aux vermicelles chinois et au soja

15 ml (1 c. à soupe) de sauce soja

15 ml (1 c. à soupe) de vinaigre de vin rouge

15 ml (1 c. à soupe) d'huile de noix

4 tranches de saumon de 2 cm (1 po) d'épaisseur

250 ml (1 tasse) de vermicelles chinois cuits

15 ml (1 c. à soupe) de noix hachées

ciboulette hachée

sel et poivre

❖ Mélanger la sauce soja, le vinaigre et l'huile. Saler et poivrer. Couper 4 feuilles de papier d'aluminium et les enduire de matière grasse. Rouler en spirale les tranches de saumon. Fixer à l'aide d'un cure-dent et déposer sur le papier d'aluminium. Cuire les 4 tranches de saumon 2 minutes au four à 375°F.
❖ Arroser les vermicelles chauds de la moitié de la vinaigrette. Coucher les tranches de saumon au fond de chaque assiette et arroser du reste de la vinaigrette. Couvrir le saumon de vermicelles et parsemer de noix hachées et de ciboulette hachée.
Pour 4 personnes.

Le flétan aux pommes, au cidre et à la ciboule

FLÉTAN AUX POMMES, AU CIDRE ET À LA CIBOULE

3 paquets de ciboules (échalotes vertes)

3 pommes

250 ml (1 tasse) de cidre

6 tranches de flétan

quelques gouttes de jus de citron

crème

❖ Cuire les ciboules à grande eau salée pendant 3 minutes. Retirer du feu et réserver 250 ml d'eau de cuisson. Trancher les pommes et les étaler dans un plat allant au four. Verser le cidre et l'eau de cuisson de ciboule et coucher par-dessus les tranches de flétan. Cuire au four 7 à 8 minutes à 375°F.

❖ Retirer du four et arroser le poisson de jus de citron. Incorporer un peu de crème au jus de cuisson et faire réduire s'il est encore trop liquide.

❖ Verser un peu de jus de cuisson au fond de chaque assiette et y déposer une tranche de flétan. Couvrir harmonieusement de tranches de pomme et joncher d'un bouquet de ciboules.

POUR 6 PERSONNES.

Tournedos de porc au gingembre et à l'ail confit

1 tête d'ail

1 bulbe de gingembre

1 poivron rouge

15 g (1 c. à soupe) de beurre

15 ml (1 c. à soupe) de miel

15 ml (1 c. à soupe) de vinaigre de vin

6 tournedos de porc

125 ml (½ tasse) de vin blanc

sel et poivre

❖ Blanchir l'ail à grande eau bouillante. Égoutter. Peler et émincer. Peler et couper en petits dés le gingembre et le poivron. Dans un poêlon, fondre le beurre et cuire à feu doux l'ail, le gingembre, le poivron, le miel et le vinaigre. Retirer du feu dès que le mélange commence à colorer, environ 10 minutes.

❖ Dans un autre poêlon, cuire les tournedos dans un peu de beurre selon la cuisson désirée. Réserver au chaud. Déglacer le poêlon avec le vin blanc et un peu d'eau. Ajouter le confit et mélanger. Accompagner les tournedos de leur confit, d'épinards frais et de purée d'ail de mon ami André (recette p. 219).

Pour 6 personnes.

Blanc de volaille au foie gras et au maïs

6 blancs de volaille

200 ml (¾ tasse) de vin blanc

250 ml (1 tasse) de crème 35%

400 g (12 oz) de maïs en grains

7,5 ml (½ c. à soupe) de vinaigre de pomme

200 g (7 oz) de foie gras

farine

❖ Colorer les blancs de volaille quelques minutes au beurre et retirer du feu. Déglacer la poêle avec le vin blanc puis ajouter la crème. Y faire pocher les blancs de volaille. Ajouter le maïs et le vinaigre de pomme.

❖ Couper le foie gras en petits cubes. Enduire de farine et sauter vivement à la poêle. Déposer les blancs de volaille au centre des assiettes et napper de sauce. Coiffer de dés de foie gras et servir.

Pour 6 personnes.

À gauche, le blanc de volaille au foie gras et au maïs; à droite, le tournedos de porc au gingembre et à l'ail confit

MÉDAILLONS DE CHEVREUIL AUX BLEUETS ET AU CITRON

1 citron

30 g (2 c. à soupe) de sucre

15 ml (1 c. à soupe) de vinaigre blanc

18 médaillons de chevreuil

50 ml (3 c. à soupe) d'alcool de genièvre (ou gin)

1 verre de porto

125 ml (½ tasse) de fond de chevreuil ou de veau*

500 g (1 lb) de bleuets

60 ml (4 c. à soupe) de beurre

poivre concassé

❖ Lever le zeste des citrons et le blanchir dans l'eau bouillante trois fois, afin qu'il n'y ait plus d'amertume. Laisser confire à feu doux dans le sucre et le vinaigre.

❖ Rouler les médaillons dans le poivre concassé et cuire au beurre dans un poêlon. Réserver au chaud. Déglacer le poêlon avec l'alcool de genièvre. Flamber et faire réduire. Ajouter ensuite le porto, le jus de citron, le fond de chevreuil et les bleuets. Juste avant de servir, incorporer 60 ml (4 c. à soupe) de beurre.

❖ Disposer 3 médaillons dans une assiette et napper de sauce aux bleuets. Décorer de zeste de citron confit et de quelques branches d'épinards. Accompagner de pommes de terre en purée.

POUR 6 PERSONNES.

*VOIR GLOSSAIRE

ÉMINCÉ DE LAPEREAU ET SAUTÉ DE CHAMPIGNONS AUX FRITES DE CÉLERI-RAVE

1 litre (4 tasses) de champignons

3 échalotes

2 gousses d'ail

quelques feuilles d'estragon

quelques branches de persil

250 ml (1 tasse) de fond de lapin*

1 lapin

15 ml (1 c. à soupe) de moutarde

sel et poivre

1 litre (4 tasses) céleri-rave

❖ Émincer les champignons et les sauter vivement avec les échalotes, l'ail, l'estragon et le persil. Saler et poivrer. Jeter le gras de cuisson et déglacer avec 125 ml de fond de lapin. Faire réduire et réserver.

❖ Désosser les cuisses et le râble du lapin. Badigeonner de moutarde, saler et poivrer. Cuire d'abord les cuisses au four à 375°F pendant environ 20 minutes. Ajouter le râble et poursuivre la cuisson encore 5 minutes. Retirer la viande du plat, émincer et réserver au chaud. Déglacer le plat avec le reste du fond de lapin et laisser réduire. Ajouter les champignons.

❖ Peler et couper le céleri-rave en julienne et cuire comme des frites traditionnelles. Tapisser le fond de chaque assiette de champignons et y déposer les émincés de lapereau. Verser autour un filet de sauce et un jet d'huile d'olive. Garnir de quelques frites de céleri-rave. *Photo p. 158.*

POUR 4 PERSONNES.

*VOIR GLOSSAIRE

LIÈVRE RÔTI AU PAIN D'ÉPICE

2 lièvres

FOND DE LIÈVRE
carcasse de lièvre

2 gousses d'ail

1 carotte

1 oignon

1 poireau

1 navet

250 ml (1 tasse) d'huile

30 ml (2 c. à soupe) de moutarde

thym

poivre concassé

500 ml (2 tasses) de vin rouge

50 ml (3 c. à soupe) de cognac

6 tranches de pain d'épice

15 ml (1 c. à soupe) de confiture de fruits rouges (sauf de fraises)

❖ La veille, désosser les lièvres et colorer les carcasses dans une grande casserole. Mouiller avec un litre d'eau et ajouter l'ail, la carotte, l'oignon, le poireau et le navet. Amener à ébullition et laisser réduire au quart. Passer au tamis et réfrigérer. Dégraisser le lendemain.

❖ Badigeonner les cuisses et les râbles d'un mélange d'huile, de moutarde, de thym et de poivre concassé. Laisser mariner quelques heures. Flamber ensemble le vin et le cognac. Incorporer le fond de veau et les tranches de pain d'épice. Faire réduire et passer au mélangeur. Passer au chinois et incorporer la confiture.

❖ Rôtir le lièvre 10 minutes à four très chaud (450°F). Couper les râbles en escalopes et servir nappées de la sauce.

POUR 6 PERSONNES.

En haut, le lièvre rôti au pain d'épice;
en bas, les médaillons de chevreuil
aux bleuets et au citron

RIS DE VEAU AUX NAVETS BLANCS ET AUX POIS MANGE-TOUT

6 noix de ris de veau
6 navets blancs
500 g (1 lb) de pois mange-tout
15 g (1 c. à soupe) de curry
25 g (1 ½ c. à soupe) de beurre
sel et poivre

❖ La veille, faire dégorger les ris de veau à l'eau froide jusqu'à ce qu'ils soient bien blancs.

❖ Les nettoyer et enlever la peau qui les recouvre. Couper les navets et les pois mange-tout en julienne. Saupoudrer les ris de veau de curry et les colorer au beurre. Cuire au four à 375°F pendant environ 20 minutes.

❖ Dans une poêle en téflon, sauter les légumes à feu vif pendant quelques minutes; ils doivent être souples mais croquants. Saler et poivrer. Retirer les ris de veau du four et les émincer. Les disposer dans des assiettes et couvrir de julienne de légumes.

POUR 6 PERSONNES.

CÔTE DE VEAU AUX ÉCHALOTES, À L'AIL ET AUX POMMES DE TERRE GRELOTS

6 côtes de veau
18 échalotes pelées
6 gousses d'ail
30 petites pommes de terre (grelots)
200 ml (¾ tasse) de vin blanc
1 bouquet d'estragon

❖ Dans une grande poêle, colorer les côtes de veau dans un peu de beurre. Ajouter les échalotes, l'ail et les pommes de terre et cuire au four 10 minutes à 375°F. Retirer du four. Déposer les côtes au centre d'assiettes chaudes et border de légumes. Déglacer la poêle avec le vin blanc, un peu d'eau et les feuilles d'estragon. Laisser réduire quelque peu et en napper aussitôt les côtes de veau.

POUR 6 PERSONNES.

À gauche, les ris de veau aux navets et pois mange-tout;
à droite, la côte de veau aux échalotes

Perdrix rôties aux cerises de terre

2 perdrix

8 tranches de bacon

2 casseaux de cerises de terre

8 pruneaux

sel et poivre

❖ Saler et poivrer les perdrix et les entourer de 2 tranches de bacon. Cuire au four à 375°F pendant 20 minutes en les arrosant régulièrement avec le jus de cuisson. Ajouter les cerises de terre et poursuivre la cuisson encore 5 minutes.

❖ Entourer chaque pruneau d'une demi-tranche de bacon et fixer avec un cure-dent. Cuire au four à 375° pendant 5 à 6 minutes. Servir les perdrix avec les pruneaux au bacon.

Pour 4 personnes.

Chou braisé

1 chou de Savoie

200 g (7 oz) de lard fumé

1 oignon

500 ml (2 tasses) de bouillon de volaille

2 gousses d'ail hachées

1 bouquet de thym frais

sel et poivre

❖ Laver le chou, enlever les côtes centrales et l'émincer. Dans un poêlon, faire suer le lard fumé et l'oignon quelques minutes. Ajouter le chou et faire cuire ensemble 7 minutes. Mouiller avec le bouillon de volaille et assaisonner de sel, de poivre et de thym. Cuire à feu doux 1 heure et demie.

Pour 6 personnes.

*Les perdrix rôties aux cerises de terre,
pruneaux au bacon*

*Le steak d'oie aux carottes caramélisées
et figues au poivre*

STEAK D'OIE AUX CAROTTES CARAMÉLISÉES ET FIGUES AU POIVRE

30 ml (2 c. à table) d'huile végétale

1 poitrine d'oie

4 carottes émincées

1 oignon émincé

30 ml (2 c. à table) de sirop d'érable

4 figues pelées et coupées en deux

poivre noir concassé

❖ Dans une poêle, faire chauffer 15 ml (1 c. à table) d'huile et cuire la poitrine d'oie avec les carottes et l'oignon jusqu'à ce qu'elle soit rosée. Retirer la poitrine et faire rissoler les carottes avec le sirop d'érable.

❖ Dans un autre poêlon, faire chauffer le reste de l'huile et cuire les figues avec un peu de poivre concassé. Découper la poitrine d'oie en fines tranches et les servir, accompagnées de carottes et de figues. Napper du jus de cuisson de l'oie.

POUR 4 PERSONNES.

À gauche, la bécasse au miel et purée de patates douces aux amandes, à droite, le magret de canard aux échalotes et gâteau de foie gras

MAGRET DE CANARD AUX ÉCHALOTES ET GÂTEAU DE FOIE GRAS

500 g (1 lb) de magret de canard

16 échalotes

6 petites pommes de terre (grelots) ou topinambours taillés en olives

200 ml (¾ tasse) de vin blanc

GÂTEAU DE FOIE GRAS

500 ml (2 tasses) de lait bouilli

125 g (4 oz) de foie gras et de foie de volaille

3 oeufs

3 jaunes d'oeufs

4 tranches de cèpes séchés

sel et poivre

❖ GÂTEAU DE FOIE GRAS: Combiner tous les ingrédients du gâteau et passer au mélangeur. Tamiser et verser dans de petits moules individuels beurrés. Cuire au bain-marie pendant 20 minutes à 300°F.

❖ MAGRET: Saisir le magret à feu vif 1 minute côté peau. Incorporer les échalotes et les pommes de terre et poursuivre la cuisson au four (375°F) pendant 20 minutes. Retirer le magret et les légumes et déglacer la poêle avec le vin blanc. Lier avec un peu de beurre de foie gras. S'il manque de jus de cuisson, verser un peu de bouillon de volaille. Couper le magret en fines tranches et dresser sur des assiettes. Napper de la sauce et accompagner d'un gâteau de foie gras.

POUR 4 PERSONNES.

BÉCASSE AU MIEL DE FLEUR DE BLEUET ET À LA MOUTARDE

15 ml (1 c. à soupe) de miel de fleur de bleuet

15 ml (1 c. à soupe) de moutarde

quelques gouttes de jus de citron

6 bécasses

30 ml (2 c. à soupe) de whisky canadien

❖ Délayer le miel et la moutarde avec un peu de jus de citron. Badigeonner les bécasses de ce mélange. Rôtir les bécasses 10 minutes à 375°F; elles doivent rester saignantes. Désosser ensuite les bécasses. Réserver la chair au chaud et faire colorer les intestins et les os dans une poêle sur le feu. Arroser de whisky et flamber. Ajouter un peu d'eau et laisser mijoter quelques minutes. Passer le jus au chinois et servir aussitôt. Servir avec une purée de patates douces (recette p. 181).

POUR 6 PERSONNES.

～ Les légumes ～

Purée de patates douces aux amandes

3 patates douces coupées en cubes

½ oignon finement émincé

100 g (⅓ tasse) de beurre salé

7,5 g (½ c. à soupe) d'amandes rôties concassées

quelques brins de ciboulette ciselée

❖ Cuire les patates douces 20 minutes dans l'eau bouillante. Lorsqu'elles sont tendres, égoutter et passer quelques minutes au four pour les assécher. Battre en purée avec tous les autres ingrédients.

Pour 6 personnes.

Terrine de poireaux au fromage de chèvre et aux noix

1 douzaine de petits poireaux

250 g (9 oz) de fromage de chèvre frais, ou délayé dans un peu de crème

125 g (½ tasse) de noix hachées

sel et poivre

❖ Nettoyer les poireaux et les cuire 15 minutes à grande eau salée. Rafraîchir immédiatement à l'eau froide afin de conserver toute la couleur. Chemiser une terrine avec du papier film et verser en couches successives les poireaux tranchés, le sel et le poivre, le fromage de chèvre et les noix hachées. Réfrigérer et servir avec une vinaigrette aux noix.

Pour 6 personnes.

Terrine d'avocats au roquefort

75 g (5 c. à soupe) de beurre

250 g (9 oz) de roquefort

2 avocats bien mûrs

60 ml (4 c. à soupe) d'huile d'olive

quelques gouttes de jus de citron

fines herbes au goût

❖ Mélanger le beurre et le fromage. Chemiser un moule de papier film. Confectionner une vinaigrette en combinant l'huile d'olive, le jus de citron et les fines herbes. Couper les avocats en tranches et les badigeonner de vinaigrette. Disposer en couches successives les tranches d'avocats et le beurre de roquefort. Démouler et napper du reste de la vinaigrette.

Pour 6 personnes.

À gauche, la terrine d'avocats au roquefort; à droite, la terrine de poireaux au fromage de chèvre et aux noix

Les desserts

TARTE CINQ MINUTES AUX RAISINS CHAMPAGNE ET PRUNES JAUNES

250 g (2 tasses) de farine

250 g (1 tasse) de beurre fondu

250 g (1 tasse) de sucre

250 g (1 tasse) de raisins champagne

12 prunes jaunes dénoyautées et coupées en deux

❖ Mélanger la farine, le beurre fondu et le sucre dans un bol. Étaler la pâte dans une poêle avec le dos d'une cuillère. Déposer dessus les raisins, les prunes et saupoudrer d'un soupçon de sucre. Cuire au four à 375°F pendant 15 minutes.

❖ NOTE: On peut substituer les prunes aux pommes; parsemer alors la pâte de noix hachées.

POUR 6 PERSONNES.

La tarte cinq minutes aux raisins et aux prunes jaunes

La tarte aux deux chocolats

Tarte
aux deux chocolats

100 g (3 ½ oz) de chocolat noir

100 g (1/3 tasse) de sucre

5 blancs d'oeufs

60 g (4 c. à soupe) de beurre

500 ml (2 tasses) de crème 35%

4 jaunes d'oeufs

250 g (9 oz) de chocolat blanc

❖ Faire fondre le chocolat noir au bain-marie avec 50 ml d'eau et 50 g (2 c. à table) de sucre. Pendant ce temps, monter les blancs d'oeufs en neige ferme et incorporer le reste du sucre. Lorsque le chocolat est fondu, ajouter le beurre, 15 ml (1 c. à table) de crème et les jaunes d'oeufs en fouettant constamment. Incorporer délicatement les blancs montés. Verser dans un moule à tarte, beurré et saupoudré de sucre. Cuire 10 minutes à 350°F. Laisser refroidir.

❖ Faire fondre le chocolat blanc au bain-marie et incorporer le reste de la crème fouettée petit à petit. Verser ensuite sur la base de chocolat noir et réfrigérer. Servir avec une crème anglaise*.

POUR 4 PERSONNES.

*VOIR GLOSSAIRE

Galette de pruneaux

150 g (1 ¼ tasse) de farine

15 ml (1 c. à soupe) d'huile d'olive

300 g (10 oz) de pruneaux dénoyautés

3 oeufs

45 ml (3 c. à soupe) de crème 35%

1 pincée de sel

poivre au goût

quelques brins de ciboulette

❖ Passer tous les ingrédients au mélangeur. Saler et poivrer. Dans un poêlon, cuire l'appareil dans un peu de beurre, en petites galettes individuelles. Garnir de ciboulette ciselée et décorer d'un pruneau.

❖ Note: Pour tranformer ce plat en dessert, omettre simplement le sel, le poivre et la ciboulette et rouler les galettes dans le sucre.

Pour 6 personnes.

Tartelette aux poires et au fromage bleu

4 abaisses de 12 cm (4 ½ po)

150 g (5 oz) de fromage bleu tranché en 8

2 poires mûres pelées, émincées et arrosées de jus de citron

15 g (1 c. à soupe) de noix

quelques feuilles de laitue

❖ Couvrir le fond des tartelettes de fromage bleu. Poser par-dessus une demi-poire émincée et recouvrir d'une seconde tranche de fromage bleu. Parsemer de quelques noix. Cuire au four à 375°F pendant environ 20 minutes et servir sur des feuilles de laitue assaisonnées.

Pour 4 personnes.

Confiture de tomates

1 kilo (2 lb) de tomates rouges non pelées

750 g (3 tasses) de sucre

❖ Retirer le pédoncule des tomates, couper en quartiers et verser dans une grande casserole. Recouvrir de sucre, mélanger et laisser macérer une nuit. Le lendemain, cuire à feu doux jusqu'à l'épaississement du jus de cuisson, environ 1 h 15. On peut aussi utiliser des tomates vertes. Employer alors autant de sucre que de tomates.

❖ Note: Si l'on sert la confiture avec une terrine ou un pâté, y ajouter quelques gouttes de tabasco et de vinaigre.

À gauche, la galette de pruneaux;
au centre, la confiture de tomates;
à droite, la tartelette aux poires et au fromage bleu

À gauche, le chaud-froid de pommes aux bleuets et à l'érable; à droite, les crêpes de courge spaghetti à la cassonade

CRÊPES DE COURGE SPAGHETTI À LA CASSONADE

250 g (½ lb) de courge spaghetti, cuite

250 ml (1 tasse) de farine

125 ml (½ tasse) de lait

125 ml (½ tasse) de crème 35%

3 oeufs

un peu de cassonade

sel

❖ Cuire la courge 20 minutes dans l'eau bouillante. Laisser refroidir, trancher en deux et prélever les spaghetti. Mélanger avec la farine, puis le lait, la crème et les oeufs. Cuire les crêpes dans une petite poêle beurrée. Tartiner ensuite de cassonade et rouler.

POUR 6 PERSONNES.

CHAUD-FROID DE POMMES AUX BLEUETS ET À L'ÉRABLE

6 pommes

90 ml (6 c. à soupe) de sirop d'érable

1 casseau de bleuets

pain de sucre d'érable râpé

250 ml (1 tasse) de crème 35%

2 jaunes d'oeufs

15 ml (1 c. à soupe) de calvados

❖ Dans un poêlon, cuire les pommes dans le sirop d'érable et un peu de beurre. Disposer dans un plat allant au four. Couvrir de bleuets puis saupoudrer de sucre d'érable râpé. Délayer la crème avec les jaunes d'oeufs et le calvados et verser sur les fruits. Gratiner sous le gril jusqu'à l'obtention d'une belle coloration. Servir avec un parfait glacé à l'érable (recette p. 188).

POUR 6 PERSONNES.

TARTELETTE AUX FIGUES ET À LA CONFITURE DE LAIT

6 figues

jus de citron

pâte feuilletée pour 1 abaisse

7,5 g (½ c. à soupe) de sucre

CONFITURE DE LAIT

200 ml (¾ tasse) d'eau

250 g (1 tasse) de sucre

1 litre (4 tasses) de lait

❖ CONFITURE DE LAIT: Mélanger l'eau et le sucre dans une casserole. Porter le lait à ébullition et le verser dans l'eau sucrée. Réduire à feu doux jusqu'à ce que la consistance du lait soit sirupeuse, environ 1 heure et demie.

❖ Peler et couper les figues en deux. Foncer 6 petits moules à tartelette d'une abaisse. Verser dessus 1 cuillerée de confiture de lait. Couvrir le fond de figues et saupoudrer de sucre. Cuire au four à 375°F environ 30 minutes. Verser la confiture de lait sur les figues et poursuivre la cuisson encore 10 minutes.

POUR 6 PERSONNES.

SOUFFLÉ AU CHOCOLAT AMER

100 g (3 ½ oz) de chocolat noir

100 g (⅓ tasse) de sucre

5 ou 6 blancs d'oeufs

60 g (4 c. à soupe) de beurre

15 ml (1 c. à soupe) de crème 35%

4 jaunes d'oeufs

❖ Fondre le chocolat au bain-marie avec 50 ml d'eau et 50 g de sucre. Pendant ce temps, monter les blancs d'oeufs en neige ferme et incorporer le reste du sucre. Lorsque le chocolat est fondu, ajouter le beurre, la crème et les jaunes d'oeufs en fouettant constamment. Incorporer délicatement les blancs montés. Verser dans un moule à soufflé, beurré et saupoudré de sucre. Cuire 20 minutes à 375°F. Servir avec un parfait glacé au miel (recette p. 188).

POUR 4 PERSONNES.

*À gauche, la tartelette aux figues
et à la confiture de lait;
à droite, le soufflé au chocolat amer*

PARFAITS GLACÉS À L'ÉRABLE, AU CAFÉ, À LA MÉLASSE ET AU MIEL

5 jaunes d'oeufs

5 oeufs entiers

150 g (5 oz) de sucre d'érable

500 ml (2 tasses) de crème à fouetter

60 ml (4 c. à soupe) de café fort (liquide)

150 g (⅔ tasse) de sucre

150 g (5 oz) de mélasse

150 g (5 oz) de miel

500 ml (2 tasses) de crème à fouetter

❖ PARFAIT À L'ÉRABLE: Mélanger ensemble les jaunes d'oeufs, les oeufs entiers et le sucre d'érable. Monter au bain-marie jusqu'à l'obtention d'une pâte onctueuse faisant ruban. Retirer du bain-marie et remuer constamment jusqu'à ce que la pâte ait complètement refroidi. Fouetter la crème jusqu'à ce qu'elle soit de même consistance que la pâte. Incorporer la crème fouettée à la pâte et mélanger délicatement. Verser dans un moule rectangulaire ou rond, selon que l'on désire servir le parfait en tranches ou à la cuillère. Congeler 6 heures.

❖ POUR RÉALISER LES AUTRES PARFAITS: Remplacer le sucre d'érable par le café additionné de sucre, par la mélasse ou par le miel.

POUR 6 PERSONNES.

CROÛTE AUX BLEUETS

pâte feuilletée pour 1 abaisse

3 casseaux de bleuets

45 g (3 c. à soupe) de sucre

❖ Abaisser la pâte aussi fin que possible et foncer un moule à tarte. Faire cuire à blanc 10 minutes. Couvrir de bleuets et saupoudrer de sucre. Cuire au four 40 minutes à 375°F et servir avec de la crème fouettée.

POUR 6 PERSONNES.

SOUPE AUX PÊCHES

8 pêches pelées et dénoyautées

60 g (1/4 tasse) de sucre ou de miel

❖ Passer les pêches et le sucre au mélangeur. Ajouter plus de sucre au goût. Verser dans une assiette creuse et garnir de tranches de pêches et de crème glacée.

POUR 4 PERSONNES.

À gauche, la soupe aux pêches;
au centre, la croûte aux bleuets;
à droite, le parfait glacé à la mélasse

L'Hiver

L'hiver durant, quand le froid s'est bien installé, des gens percent la glace épaisse et
tendent des lignes dormantes pour attra-
per dorés, lottes et perchaudes. Ils s'installent à ciel
ouvert au soleil et au vent, bien emmitouflés, assis sur
des pliants. Et les heures passent. D'autres possèdent
des cabanes ou en louent, qu'ils tirent aux endroits
voulus, appâtent leurs longs fils. Et attendent.

Pour certains palais, pêcheurs ou non, il n'est
guère plus grand plaisir, en janvier-février, que de
déguster, fraîchement tournés sur la poêle à frire, ces
petits poissons des chenaux — que les gens de science
nomment poulamons — pêchés ainsi sous la glace à
l'embouchure des rivières Sainte-Anne et Batiscan.

Quelques-uns encore posent des collets pour
attraper des lièvres; ou tirent quelque oiseau attardé
dans la neige. Ils en font des civets, des pièces de choix
ou des ragoûts. Mais, pour l'essentiel, l'hiver est la saison légataire: on y consomme, en temps différé et
souvent sous d'autres formes, ce que le reste de
l'année a mûri.

Tartes et pâtés, tourtières, jambons, beignets,
gâteaux, lard et patates, betteraves, carottes et tous ces
légumes qui se conservent plus longtemps arrivent sur
les tables. Ils ont des droits ancestraux, pourrait-on
croire. Bien sûr, rien n'est vraiment plus comme
avant, et c'est normal: le progrès technique a imposé
ses lois et il est dorénavant facile de trouver, aux étala-
ges des marchands, des produits frais arrivés de con-
trées lointaines.

Pages précédentes: dans la neige épaisse au pied des
arbres vêtus de frimas, la coulée sombre de la Yamaska
que le gel épargne encore.

Ci-dessous: grands conifères sous la neige
près de North Hatley en Estrie.

Ci-dessus: ce sirop de rose, fabriqué à Cowansville,
fera les délices de bien des palais.
Ci-contre: les pains de la boulangerie Le Passe-Partout.

L'hiver, écrivait le jésuite Charles Lalemant au
XVIIe siècle, «pour l'ordinaire, y est de cinq mois et
demy, les neiges de trois ou quatre pieds de hauteur,
mais si obstinées qu'elles ne fondent point que vers la
my-avril, et commencent toujours au mois de novem-
bre». Le progrès technique est venu, mais l'hiver est
resté. Et ses bises et tempêtes, son frimas et ses pou-
dreries.

Quand les gens travaillaient dur, dehors, de tous
leurs membres, l'hiver était le temps des calories alternées, pour compenser les effets du froid et des longues nuits. On faisait bombance à la Noël, au temps
des fêtes, au Mardi gras, avant de faire maigre au
carême pour retrouver un équilibre alimentaire et
fêter le renouveau pascal alors que s'annonçait le
dégel. Et la reprise de la vie.

L'hiver est un temps de réserve. Pour consom-
mer petit à petit le fruit des récoltes. Pour espérer celles qui suivront.

L'hiver d'André Besson

Pourquoi la rude saison hivernale a-t-elle échu à André Besson? Ce désert de neige que même les ours fuient, ce temps creux de l'année où notre cuisine traditionnelle devait principalement composer avec le lard salé et les légumes conservés dans les «carrés» de la cave. Eh bien, simplement parce que tous ceux qui connaissent André Besson savent qu'il n'y a rien à son épreuve.

Besson est un peu à l'art de la cuisine ce que Vulcain est à celui de la forge. Il est de ces êtres exceptionnels qu'on appelle des forces de la nature. Des concepts comme «métier» ou «passion» ne s'appliquent pas à son art de cuisiner qui est plutôt une sorte d'émanation naturelle et spontanée de sa stupéfiante énergie. À tel point qu'on pourrait dire de lui comme de l'ouragan «attention! il cuisine tout sur son passage».

Une première rencontre avec André, à la fin du service du midi, est, comme on dit, toute une expérience. Déjà, on vous l'a annoncé pas commode. Bon. Et maintenant, vous voilà encore un peu plus sur vos gardes, ameuté par le tintamarre de la cuisine, boucan de casseroles et sauteuses atterrissant dans l'évier, de claquements de portes de réfrigérateurs et de chambre froide, de chuintement de lave-vaisselle, des petits coups secs et frottement des ustensiles au-dessus duquel perce cette voix, pas cette voix d'ogre à laquelle on s'attendait, mais une espèce de chantonnement nasillard qui s'exprime dans un débit rapide. Le Redoutable apparaît enfin, carrure de pugiliste, la mèche collée au front, il a la bouille du gars qui vient d'en travailler un sacré coup.

Puis cette impression, celle qui demeure malgré le fait qu'on l'entendra plus d'une fois vociférer par la suite, celle d'avoir rencontré un type vraiment sympa-

thique, plutôt tendrement ironique que grinçant, porteur d'une fièvre permanente qui n'est pas uniquement due à l'effort de faire tourner au quart de tour une cuisine midi et soir, avec une équipe minimale et de contenter avec brio tout un chacun qui veut bien manger. Non, il y a en Besson un feu qui ne cesse de brûler. On le croirait aux prises avec la surpuissance de sa propre énergie qui parfois le pousse vers les extrêmes. Ainsi, s'il disparaît un matin d'automne au coeur d'un boisé en quête de champignons, c'est pour en ressortir chargé de sacs bourrés à plein, véritable petite fortune en cèpes, bolets, morilles et chanterelles. Le soir même, il en fera un régal pour les convives de l'établissement où il travaille et, dès le lendemain, commencera à les distribuer à pleines poignées à qui en veut «pour ne pas les perdre».

Une générosité légendaire, une façon d'être toute rabelaisienne. Il n'y a qu'André Besson pour cuire la veille des réjouissances après son service du soir ce gâteau de noce auquel personne n'a même les moyens de rêver, fignoler en guise de décoration jusqu'aux petites heures un parterre de fleurs en pâte d'amandes aussi touffu que ceux du Jardin botanique, foncer vers la noce à dix heures le lendemain pour monter le chef-d'oeuvre à temps et, frais comme l'oeuf, faire rigoler l'assemblée et danser la mariée tout l'après-midi, revenir ensuite à la maison où débarque à l'improviste une joyeuse bande de lurons français en l'honneur desquels, histoire de ne décevoir personne et surtout lui-même, il vide cave à vin, frigidaire et garde-manger et mène la fête jusqu'à ce que tout le monde s'écrase de sommeil.

Si Besson avait été cuisinier des armées de Napoléon, c'est certain, l'Empereur poussé dans le dos par une force incroyable, aurait gagné Waterloo.

Pierre-Yves Marcoux

Le cuissot de cerf à la purée d'ail et noisettes grillées (recette p. 219).

～Les entrées～

PÂTÉ PANTIN D'ANGUILLE À LA CRÈME D'ORTIE

600 g (1 ⅓ lb) d'anguille

1 petite carotte

1 paquet d'épinards

300 g (10 oz) de pâte feuilletée

1 jaune d'oeuf

SAUCE

4 échalotes hachées

50 g (3 c. à soupe) de beurre

150 ml (⅔ tasse) de vermouth (Noilly Prat)

300 ml (1 ¼ tasse) de crème 35%

60 feuilles d'orties

MOUSSE D'ANGUILLE

200 g (7 oz) de chair d'anguille

1 blanc d'oeuf

100 ml (⅓ tasse) de crème 35%

sel et poivre

1 citron

100 g (3 ½ oz) de pâte à chou

❖ Lever les filets d'anguille et retirer les arêtes et la peau. Réserver. Couper la carotte en petits dés et cuire 10 minutes à l'eau bouillante. Laisser refroidir et réserver.

❖ SAUCE: Faire suer les échalotes hachées dans 20 g (1 ½ c. à soupe) de beurre. Déglacer au vermouth et réduire de moitié. Incorporer la crème, réduire de moitié et ajouter le reste du beurre en morceaux et les feuilles d'orties. Passer au mélangeur et réserver.

❖ MOUSSE D'ANGUILLE: Passer au robot 200 g de chair d'anguille, le blanc d'oeuf, la crème, le jus de citron, le sel et le poivre. Retirer du robot et incorporer ensuite la pâte à chou, les dés de carottes et bien mélanger.

❖ Trancher le reste de la chair d'anguille en longues bandelettes. Saler et poivrer. Saisir quelques secondes dans l'huile très chaude et réserver. Dans un poêlon, fondre un peu de beurre et y faire suer les épinards quelques secondes afin d'enlever l'eau de végétation.

❖ Abaisser la pâte feuilletée et la couper en 2 rectangles de 20 cm X 12 cm. Déposer un premier rectangle sur une plaque à pâtisserie. Déposer en couches successives la mousse d'anguille, les bandelettes d'anguille et la mousse d'anguille. Déposer au centre les épinards cuits puis recouvrir successivement d'anguille, de mousse et d'anguille. Recouvrir le tout du second rectangle de pâte. Badigeonner avec le jaune d'oeuf et cuire au four à 350°F pendant 15 minutes. Réduire à 300°F et poursuivre la cuisson pendant 45 minutes. Napper le fond d'un plat de service de la sauce et y déposer le pâté.

POUR 4 À 6 PERSONNES.

Le pâté pantin d'anguille à la crème d'ortie

*Les choux farcis au homard
et au caviar*

CHOUX FARCIS
AU HOMARD ET AU CAVIAR
DU LAC SAINT-PIERRE

4 feuilles de chou de Savoie

2 homards cuits et décortiqués

1 blanc de poireau

1 carotte

1 branche de céleri

2 échalotes hachées

100 ml (⅓ tasse) de vin blanc sec

200 g (¾ tasse) de beurre en morceaux

1 citron

125 ml (½ tasse) de caviar

sel et poivre

❖ Prélever 4 belles grandes feuilles de chou de Savoie, retirer le quart de leur côte centrale et les blanchir. Couper le homard en gros morceaux. Peler et couper la carotte, le poireau et le céleri en julienne. Faire revenir les légumes au beurre quelques minutes. Étaler les feuilles de chou et déposer au centre le homard et la julienne de légumes. Replier les coins fermement de façon à reformer le chou. Déposer dans un plat et réchauffer 5 à 7 minutes au four à 350°F.

❖ BEURRE BLANC: Réduire des ⅔ le vin blanc et les échalotes. Ajouter peu à peu le beurre et fouetter constamment. Retirer du feu, ajouter le jus de citron, saler et poivrer. Verser le beurre d'échalotes au fond de chaque assiette et déposer au centre un chou farci. Entourer de petites cuillerées de caviar.

POUR 4 PERSONNES.

197

AUMÔNIÈRE DE LANGOUSTINES AU PESTO D'HERBES FRAÎCHES ET CROQUANT DE LÉGUMES

1 poireau

1 petite carotte

1 branche de céleri

100 g (3 ½ oz) de champignons

12 queues de langoustines moyennes

sel et poivre

VELOUTÉ DE MOULES

12 moules

2 échalotes hachées

125 ml (½ tasse) de vin blanc

400 ml (1 ⅔ tasse) de crème 35%

50 g (3 c. à soupe) de beurre de homard*

poivre

PESTO D'HERBES FRAÎCHES

100 ml (⅓ tasse) de pineau des Charentes

1 échalote hachée

1 citron

100 ml (⅓ tasse) d'huile d'olive extravierge

1 bouquet de basilic

1 bouquet de ciboulette

1 bouquet de persil

sel et poivre

AUMÔNIÈRES

4 feuilles de pâte filo

50 g (3 c. à soupe) de beurre fondu

1 jaune d'oeuf

1 tige de poireau blanchi

CROQUANT DE LÉGUMES

1 poivron rouge

1 poivron vert

1 petite courgette

1 tomate

75 ml (5 c. à soupe) d'huile d'olive

jus de ½ citron

sel et poivre

❖ Couper le blanc de poireau, la carotte, le céleri et les champignons en julienne et les sauter au beurre quelques minutes. Réserver. Décortiquer les langoustines, saisir 5 secondes à la poêle et réserver.

❖ MOULES: Dans une casserole, faire fondre 15 g (1 c. à soupe) de beurre et revenir les échalotes. Ajouter les moules et le vin blanc et poivrer. Couvrir et cuire à feu vif jusqu'à ce que les moules s'ouvrent. Réserver les moules au chaud. Faire réduire le jus de cuisson à consistance de glace et incorporer la crème en remuant constamment. Réduire jusqu'à consistance crémeuse. Partager la sauce en deux et en réserver une partie. Dans la seconde, incorporer 50 g (3 c. à soupe) de beurre de homard et bien mélanger. Réserver.

❖ PESTO: Faire réduire du tiers le pineau et l'échalote à feu doux. Passer au chinois pour bien en extraire le jus. Passer ensuite au mélangeur avec le jus de citron, l'huile d'olive et les herbes fraîches. Saler, poivrer et réserver.

❖ AUMÔNIÈRES: Couper chaque feuille de pâte filo en 4 carrés et les enduire d'un peu de beurre fondu. Superposer 4 carrés les uns sur les autres en les décalant de ¼ de tour. Déposer au centre 3 langoustines et une cuillerée de légumes sautés. Replier la pâte en aumônière (en bourse) et fixer à l'aide d'une lanière de poireau blanchi 2 secondes. Procéder de même pour les 3 autres aumônières. Badigeonner avec un jaune d'oeuf et cuire au four 6 à 7 minutes à 550°F.

❖ CROQUANT DE LÉGUMES: Couper les poivrons, la courgette et la tomate en petite brunoise. Arroser d'huile d'olive et de jus de citron. Saler et poivrer. Ceinturer chaque assiette du croquant de légumes. Déposer au centre le pesto d'herbes fraîches et y asseoir une aumônière. Napper une moitié d'assiette de sauce blanche et l'autre de sauce rouge.

POUR 4 PERSONNES.

*VOIR GLOSSAIRE

ESCALOPE DE SAUMON À LA VIERGE ET MOUTARDE DE MEAUX

4 escalopes de 160 g (6 oz) de saumon de l'Atlantique

3 tomates

6 gros champignons

SAUCE VIERGE

jus de 1 citron

200 ml (¾ tasse) d'huile d'olive extravierge

15 ml (1 c. à soupe) de moutarde de Meaux

1 bouquet de basilic

1 bouquet de ciboulette

sel et poivre

❖ SAUCE VIERGE: Extraire le jus du citron, saler et poivrer. Verser l'huile d'olive et la moutarde et mélanger. Hacher finement les herbes et les incorporer à la sauce.

❖ Couper les tomates et les champignons en petits dés de 2 mm. Réserver. Dans une poêle en téflon, cuire les escalopes 2 minutes de chaque côté. Couvrir le fond des assiettes de sauce vierge et y coucher le saumon. Ceinturer de crudités de légumes.

POUR 4 PERSONNES.

En haut, l'escalope de saumon à la vierge;
en bas, l'aumônière de langoustines au pesto

TOURTE DE CANARD SAUCE POIVRADE

4 cuisses de canard désossées et dégraissées

15 g (1 c. à soupe) de beurre

3 gousses d'ail

100 g (3 ½ oz) d'échalotes françaises émincées

500 g (1 lb) de champignons de couche

1 branche de thym

1 feuille de laurier

1 oeuf

100 g (3 ½ oz) de magret de canard coupé en dés (facultatif)

100 g (3 ½ oz) de foie gras coupé en dés (facultatif)

500 g (1 lb) de pâte feuilletée au beurre

1 oeuf délayé dans 15 ml (1 c. à soupe) d'eau

sel et poivre

SAUCE POIVRADE BLANCHE

1 bouquet garni

100 g (3 ½ oz) d'échalotes hachées

5 grains de poivre blanc concassé

100 ml (⅓ tasse) de vinaigre blanc

300 ml (1 ¼ tasse) de crème 35%

50 ml (3 c. à soupe) de glace de volaille*

100 g (3 ½ oz) de confiture d'abricot

sel et poivre

SAUCE POIVRADE BRUNE

1 carotte

1 branche de céleri

100 g (3 ½ oz) d'échalotes hachées

1 branche de thym

1 feuille de laurier

1 gousse d'ail

30 g (2 c. à soupe) de beurre

100 ml (⅓ tasse) de vinaigre de vin rouge

250 ml (1 tasse) de vin rouge corsé

250 ml (1 tasse) de demi-glace de viande*

100 g (3 ½ oz) de gelée de groseille

5 grains de poivre noir concassé

sel et poivre

❖ SAUCE POIVRADE BLANCHE: Dans une casserole, faire revenir les échalotes à feu vif dans un peu de beurre. Ajouter le poivre et le bouquet garni et déglacer au vinaigre blanc. Faire réduire des ⅔. Incorporer la crème, la glace de volaille, la confiture et laisser mijoter 20 minutes à petits bouillons. Passer ensuite au chinois fin, saler, poivrer et réserver.

❖ SAUCE POIVRADE BRUNE: Couper la carotte et le céleri en petits dés et faire revenir au beurre avec les échalotes, le thym, le laurier et l'ail. Déglacer au vinaigre de vin, poivrer et faire réduire des ⅔ à feu vif. Déglacer au vin rouge et faire réduire une seconde fois. Incorporer la demi-glace, la gelée de groseille et le poivre. Cuire 15 minutes à feu doux et réserver.

❖ Faire revenir au beurre les cuisses de canard. Ajouter l'ail, l'échalote, les champignons, le thym, le laurier et cuire jusqu'à évaporation complète. Jeter le gras de cuisson et passer au robot. Incorporer l'oeuf pour bien lier la farce. Pour une farce encore plus délicieuse, incorporer des dés de magret et de foie gras.

❖ Abaisser la pâte feuilletée et détailler 2 cercles de 15 cm. Foncer un moule à tourte de la première abaisse et recouvrir de farce. Couvrir de la deuxième abaisse. Pincer les bords pour bien sceller et badigeonner d'oeuf délayé. Laisser reposer 2 heures puis pratiquer des entailles à la pointe d'un couteau. Cuire 10 minutes à 350°F. Réduire le feu à 300°F et cuire encore 25 minutes. Verser la sauce poivrade blanche sur la moitié d'un plat de service et couvrir l'autre moitié de la sauce poivrade brune. Y asseoir la tourte.

POUR 6 PERSONNES.

*VOIR GLOSSAIRE

PETITE SALADE DE PÉTONCLES AU CITRON CONFIT ET HUILE D'OLIVE

20 pétoncles moyens

100 g (⅓ tasse) de sucre

2 citrons

quelques feuilles de radicchio

quelques feuilles de mâche

quelques feuilles de laitue

quelques feuilles de cresson

100 ml (⅓ tasse) de sauce vierge*

1 tomate coupée en dés

20 g (1 ½ c. à soupe) de ciboulette hachée

sel et poivre

❖ Blanchir le zeste des citrons dans l'eau bouillante. Dissoudre le sucre dans 200 ml (¾ tasse) d'eau et y confire le zeste pendant 20 minutes à faibles bouillons. Dresser harmonieusement les feuilles de salade dans quatre assiettes. Dans une poêle en téflon, cuire les pétoncles à feu vif 30 secondes de chaque côté. Déglacer avec la sauce vierge et incorporer les dés de tomate et les zestes confits. Déposer les pétoncles autour de la salade.

POUR 4 PERSONNES.

*VOIR GLOSSAIRE

*En haut, la tourte de canard sauce poivrade;
en bas, la petite salade de pétoncles*

À gauche, les langues de morue; à droite, le foie gras aux raisins et «icewine»

FOIE GRAS CHAUD AUX RAISINS ET «ICEWINE»

400 g (12 oz) de foie gras frais

32 grains de raisins frais sans pépins

100 ml (⅓ tasse) d'«icewine» (ou autre vin liquoreux)

200 ml (¾ tasse) de demi-glace de viande*

sel et poivre

❖ Trancher le foie gras en 4 escalopes épaisses. Chauffer fortement une poêle en téflon sans y faire fondre de corps gras. Y saisir les escalopes 3 secondes de chaque côté. Déposer dans les assiettes.

❖ Verser dans la poêle les raisins, l'«icewine» et la demi-glace et faire réduire jusqu'à ce qu'il ne reste que 15 ml (1 c. à soupe) de sauce par personne. En napper les escalopes et servir.

POUR 4 PERSONNES.

*VOIR GLOSSAIRE

LANGUE DE MORUE DANS SON BEURRE MOUSSEUX AU GROS PLAN

400 g (12 oz) de langues (ou de joues) de morue

farine

100 ml (⅓ tasse) de gros plan (ou autre vin blanc sec)

200 g (¾ tasse) de beurre fin

1 bouquet de ciboulette

jus de 1 citron

❖ Enfariner les langues de morue. Dans une poêle en téflon beurrée, les cuire 2 minutes de chaque côté. Réserver. À feu vif, faire réduire le vin de moitié. Ajouter le beurre en petites parcelles en remuant constamment. Saler et poivrer. Passer au mélangeur et ajouter la ciboulette ciselée et le jus de citron. Verser le beurre mousseux au fond de chaque assiette et y coucher les langues de morue.

POUR 4 PERSONNES.

MILLE-FEUILLES AU FOIE GRAS ET POMMES DE TERRE AU XÉRÈS

4 pommes de terre moyennes

15 g (1 c. à soupe) de beurre

15 ml (1 c. à soupe) d'huile végétale

250 g (8 oz) de foie gras de canard, tranché en 8 escalopes

50 ml (¼ tasse) de vinaigre de xérès

200 ml (¾ tasse) de glace de viande*

gros sel

❖ Peler et couper chaque pomme de terre en 5 tranches. Ne garder que les 3 plus belles tranches. Colorer au beurre et à l'huile jusqu'à cuisson complète.

❖ Dans une poêle en téflon très chaude, saisir vivement les escalopes de foie gras, 3 secondes de chaque côté. Verser dessus le vinaigre de xérès puis ajouter la glace de viande. Laisser réduire 30 secondes à feu vif et retirer du feu.

❖ Poser une première tranche de pomme de terre au fond de chaque assiette et couvrir d'une escalope de foie gras. Mettre dessus une seconde tranche de pomme de terre, une seconde escalope de foie gras puis couvrir d'une dernière tranche de pomme de terre. Fouetter la glace de xérès pour l'émulsionner et en napper le mille-feuilles. Garnir de quelques grains de gros sel.

POUR 4 PERSONNES.
*VOIR GLOSSAIRE

Le mille-feuilles au foie gras et pommes de terre au xérès

Les potages

Bisquebouille de nos lacs à la Saint-Ambroise et jet de houblon

1 oignon

1 poireau

1 gousse d'ail

1 branche de céleri

20 g (1 ½ c. à soupe) de beurre

500 g (1 lb) d'arêtes de poisson de lac

1 bouteille de bière Saint-Ambroise

250 ml (1 tasse) de crème 35%

50 g (2 oz) de houblon (ou de céleri-rave)

4 jaunes d'oeufs

❖ Couper les légumes en dés et faire revenir quelques minutes au beurre. Ajouter les arêtes de poisson et mouiller avec la bière et les ¾ de la crème. Cuire 15 minutes et passer au chinois. Remettre sur le feu et incorporer le houblon. Cuire 4 minutes. Ajouter ensuite les jaunes d'oeufs et le reste de la crème et cuire 1 minute à feu doux en fouettant vivement.

Pour 4 personnes.

La bisquebouille à la Saint-Ambroise et jet de houblon

Soupe de courge Halloween

1 courge de 2,5 kg (5 ½ lb)

50 g (3 c. à soupe) de beurre

2 blancs de poireaux finement émincés

500 ml (2 tasses) de crème 35%

7,5 g (½ c. à soupe) de muscade

4 larges tranches de pain de campagne

200 g (7 oz) d'emmenthal

sel et poivre

❖ Couper la courge près du pédoncule de façon à obtenir une soupière. Retirer les graines et la chair à l'aide d'une cuillère.

❖ Faire revenir le poireau dans 50 g (3 c. à soupe) de beurre. Ajouter la chair de la courge et cuire à feu vif pendant 30 à 40 minutes jusqu'à évaporation presque complète du liquide. Incorporer la crème, faire bouillonner quelque peu et retirer du feu. Passer le tout au mélangeur. Assaisonner de sel, de poivre, de muscade et réserver.

❖ Dorer les 2 côtés des tranches de pain au four. Couvrir d'emmenthal râpé et remettre au four afin que le fromage fonde légèrement. Couper ensuite en croûtons. Verser la soupe dans la courge et cuire au four 15 minutes à 375°F. Parsemer de croûtons et servir aussitôt.

Pour 4 personnes.

En haut, la soupe de lentilles vertes aux échalotes grises; en bas, la soupe de courge Halloween

Soupe de Lentilles Vertes aux Échalotes Grises et Moutarde de Meaux

250 g (8 oz) de lentilles vertes

1 oignon émincé

1 blanc de poireau émincé

12 échalotes grises

50 g (3 c. à soupe) de beurre

100 g (3 ½ oz) de lard salé ou fumé

2 ml (1 c. à café) de moutarde de Meaux

4 grosses tranches de pain de campagne

50 ml (3 c. à soupe) de crème 35%

❖ La veille, faire tremper les lentilles dans l'eau.

❖ Dans une casserole, faire revenir l'oignon, le poireau et 6 échalotes grises émincées dans le beurre. Mouiller avec 1 litre et demi (6 tasses) d'eau. Ajouter les lentilles bien égouttées et porter à ébullition. Cuire doucement pendant 1 heure (ou davantage si les lentilles ne sont pas entièrement cuites) en écumant de temps en temps. Passer ensuite au mélangeur puis au chinois fin. Réserver.

❖ Émincer le reste des échalotes et trancher le lard en petits lardons. Dans une poêle en téflon, faire suer le lard pendant 1 minute sans y ajouter de matière grasse. Jeter le gras de cuisson et incorporer les échalotes. Cuire à feu vif pendant 1 minute et demie. Retirer du feu, dégraisser de nouveau la poêle et incorporer la moutarde de Meaux. Bien mélanger. Griller les 4 tranches de pain au four et les tartiner de préparation à la moutarde. Servir la soupe en soupière arrosée d'un soupçon de crème et accompagnée d'une tranche de pain grillé.

Pour 4 personnes.

Les plats principaux

Saisi de homard à la vanille, poêlée de pommes au curry

4 homards de 750 g (1 ½ lb)

2 échalotes hachées

75 g (5 c. à soupe) de beurre

200 ml (¾ tasse) de vermouth blanc (Noilly Prat)

500 ml (2 tasses) de crème 35%

1 gousse de vanille

jus de 1 citron

6 pommes Red Delicious

5 g (1 c. à thé) de curry

sel et poivre

❖ Cuire les homards 10 minutes dans 6 litres d'eau bouillante. Décortiquer les chairs et réserver. Dans une sauteuse, faire revenir les échalotes et les carcasses dans 45 g (3 c. à soupe) de beurre pendant 5 minutes. Déglacer ensuite avec le vermouth et laisser réduire. Ajouter la crème et la vanille et laisser mijoter 10 minutes jusqu'à consistance crémeuse. Passer au chinois, assaisonner et ajouter le jus d'un demi-citron. Mettre la chair de homard dans la sauce et laisser réchauffer.

❖ Peler et couper les pommes en petits dés de 2 mm. Arroser du jus d'un demi-citron et faire sauter quelques minutes dans 30 g (2 c. à soupe) de beurre. Assaisonner de sel et de curry. Ceinturer chaque assiette de brunoise de pommes au curry et déposer au centre le homard en sauce.

Pour 4 personnes.

Le saisi de homard à la vanille,
poêlée de pommes au curry

L'aile de raie à la vinaigrette de betterave

AILE DE RAIE À LA VINAIGRETTE DE BETTERAVE

2 ailes de raie de 700 g (1 ¼ lb) chacune, en filets

COURT-BOUILLON

1 oignon émincé

1 petite carotte émincée

1 branche de céleri émincée

½ feuille de laurier

jus de ½ citron

sel et poivre

VINAIGRETTE

300 g (10 oz) de betterave rouge

50 ml (3 c. à soupe) de vinaigre de vin rouge

150 ml (⅔ tasse) d'huile d'olive extravierge

jus de ½ citron

250 ml (1 tasse) d'eau de cuisson des betteraves

30 g (2 c. à soupe) de ciboulette

sel et poivre

❖ COURT-BOUILLON: Dans une grande casserole, combiner 1 litre (4 tasses) d'eau, les légumes émincés, le laurier et le jus de citron. Porter à ébullition et laisser mijoter pendant 15 minutes. Passer au chinois. Plonger la raie dans le court-bouillon frémissant et faire pocher pendant 7 minutes. Saler et poivrer.

❖ VINAIGRETTE: Dans une casserole d'eau bouillante, cuire les betteraves environ 2 heures. Égoutter, peler et couper en fine julienne. Dans un poêlon, faire sauter la julienne de betterave pendant quelques minutes. Retirer du feu et réserver. Faire réduire des ⅔ 250 ml (1 tasse) d'eau de cuisson des betteraves. Dans un bol, mélanger au fouet le vinaigre, le jus de citron et l'eau de cuisson réduite des betteraves. Ajouter ensuite l'huile d'olive et bien émulsionner. Rectifier l'assaisonnement. Combiner la vinaigrette et la julienne de betterave et laisser tiédir. Couvrir le fond des assiettes de vinaigrette et y coucher la raie pochée. Garnir de julienne de betteraves.

POUR 4 PERSONNES.

ÉTUVÉE DE CREVETTES ET MOULES DANS LEUR JUS AU NATUREL

2 échalotes hachées
125 g (½ tasse) de beurre
200 ml (¾ tasse) de vermouth blanc (Noilly Prat)
24 moules bleues
24 crevettes décortiquées
jus de 1 citron
30 g (2 c. à soupe) de persil
30 g (2 c. à soupe) de ciboulette ciselée
sel et poivre

❖ Dans une casserole, faire revenir les échalotes dans 15 g de beurre. Déglacer avec le vermouth et poivrer. Incorporer les moules, couvrir et cuire à feu vif jusqu'à ce que les moules s'ouvrent. Réserver au chaud.

❖ Passer le jus de cuisson au chinois fin et remettre sur le feu. Faire réduire de moitié. Ajouter les crevettes et cuire 3 minutes à feu vif. Retirer les crevettes et monter avec le reste du beurre en fouettant vivement. Assaisonner de jus de citron, de persil et de ciboulette. Disposer harmonieusement les crevettes et les moules dans 4 assiettes et napper de sauce.

POUR 4 PERSONNES.

FILET DE VIVANEAU AUX POIREAUX ET AUX TRUFFES

2 petits poireaux
1 truffe de 30 g (1 ½ oz) ou 20 ml (1 ½ c. à soupe) d'essence de truffe
50 ml (3 c. à soupe) de vinaigre de xérès
200 ml (¾ tasse) d'huile de noix
4 filets de vivaneau de 180 g (6 oz)
sel et poivre

❖ Nettoyer et couper les blancs de poireaux en losanges de 1 cm. Faire sauter au beurre et réserver. Confectionner une vinaigrette en combinant l'essence de truffe, le vinaigre, l'huile de noix, le sel et le poivre. Mélanger aux poireaux.

❖ Cuire les filets 4 minutes à la vapeur ou 6 minutes dans une poêle en téflon. Couvrir le fond de chaque assiette de vinaigrette encore tiède et y coucher les filets de vivaneau. Garnir de quelques tranches de truffes (facultatif).

POUR 4 PERSONNES.

À gauche, l'étuvée de crevettes et de moules;
à droite, le filet de vivaneau

ESCALOPE DE OUANACHICHE À LA CRÈME SÛRE ET NOIX DE GRENOBLE

200 ml (¾ tasse) de crème sûre

1 bouquet de ciboulette finement ciselée

100 g (3 ½ oz) de cerneaux

4 escalopes de 150 g (5 oz) de ouanachiche

sel et poivre

❖ Dans un bol, mélanger la crème sûre et la ciboulette. Poivrer légèrement. Ajouter les cerneaux et bien mélanger. Verser au fond de chaque assiette et réserver.

❖ Assaisonner les escalopes de poisson et les cuire 2 minutes de chaque côté. Coucher sur la crème sûre et garnir de cerneaux concassés.

POUR 4 PERSONNES.

GOUJONNETTES DE MASKINONGÉ AUX ARTICHAUTS ET CAVIAR D'OEUFS DE CORÉGONE

2 carottes

1 poireau

15 g (1 c. à soupe) de beurre

4 gros artichauts tournés (ou 4 fonds d'artichauts en boîte)

600 g (1 ⅓ lb) de maskinongé coupé en goujonnettes (en bâtonnets)

50 g (⅓ tasse) de farine

15 ml (1 c. à soupe) d'huile végétale

100 g (⅓ tasse) de beurre

quelques brins de ciboulette ciselée

80 g (2 ½ oz) d'oeufs de corégone

jus de 1 citron

*En haut, les goujonnettes
de maskinongé aux artichauts;
au centre, l'escalope de ouanachiche
à la crème sûre et noix de Grenoble;
en bas, la poêlée de crevettes
au curcuma et chutney d'ananas*

❖ Peler et couper en julienne les carottes et le blanc de poireau. Faire sauter au beurre quelques minutes. Dans une casserole, porter à ébullition 1 litre (4 tasses) d'eau salée et cuire les artichauts jusqu'à ce que le coeur soit tendre, soit environ 10 minutes. Laisser refroidir. Débarrasser les fonds du foin et les couper en 5 tranches.

❖ Dans une poêle en téflon, faire sauter vivement les goujonnettes enfarinées dans l'huile et le beurre. Ajouter la julienne de légumes et les artichauts. Parsemer de ciboulette et incorporer les oeufs de corégone. Arroser le tout de jus de citron et disposer dans les assiettes.

POUR 4 PERSONNES.

POÊLÉE DE CREVETTES AU CURCUMA ET CHUTNEY D'ANANAS

40 crevettes

1 échalote ciselée

200 ml (¾ tasse) de vin blanc sec

30 g (2 c. à soupe) de curcuma

250 g (1 tasse) de beurre

jus de 1 citron

CHUTNEY D'ANANAS

50 g (2 oz) de gingembre frais

100 g (⅓ tasse) de sucre

½ oignon

½ poivron vert

½ poivron rouge

100 g (3 ½ oz) d'ananas coupé en cubes

30 g (1 ½ oz) de raisins secs

125 ml (½ tasse) de vinaigre blanc

❖ CHUTNEY: Peler le gingembre et le couper en julienne. Dissoudre le sucre dans 200 ml (¾ tasse) d'eau. Porter à ébullition et confire le gingembre 1 heure. Couper l'oignon et les poivrons en dés de 1 mm. Faire revenir l'oignon au beurre quelques minutes. Ajouter ensuite les poivrons et cuire 1 minute. Incorporer l'ananas, les raisins et le gingembre confit. Déglacer au vinaigre blanc et cuire 10 minutes à feu doux. Réserver.

❖ Saler et poivrer les crevettes. Dans une poêle, faire fondre 15 g (1 c. à soupe) de beurre et cuire les crevettes 1 minute de chaque côté avec l'échalote. Retirer les crevettes et déglacer la poêle au vin blanc. Ajouter le curcuma et laisser réduire. Monter au beurre en remuant continuellement puis arroser de jus de citron. Remettre les crevettes dans la poêle et laisser réchauffer. Déposer au centre de chaque assiette une portion de chutney et disposer autour les crevettes nappées de sauce.

POUR 4 PERSONNES.

CHARTREUSE DE PÉTONCLES AU CHOU ET SAUTERNES

2 carottes moyennes

500 g (1 lb) de haricots verts équeutés

2 navets

250 g (8 oz) de chou de Savoie

800 g (1 ¾ lb) de pétoncles

2 blancs d'oeufs

250 ml (1 tasse) de crème 35%

100 ml (⅓ tasse) de sauternes (ou autre vin liquoreux)

250 g (1 tasse) de beurre

sel et poivre

❖ Peler et couper les carottes, les haricots verts et les navets en bâtonnets de 5 mm X 8 cm. Cuire les carottes dans 250 ml (1 tasse) d'eau bouillante pendant 3 minutes. Ajouter les bâtonnets de navets, les haricots verts et cuire 2 minutes. Rafraîchir et réserver. Émincer finement le chou et faire revenir au beurre 3 minutes. Réserver.

❖ Réaliser une mousse en combinant 250 g de pétoncles, les blancs d'oeufs, le sel, le poivre et mélanger au robot (cutter) 1 minute. Ajouter la crème et mélanger encore 1 minute. Réserver.

❖ Prélever la moitié de la mousse et la mélanger à 150 g de pétoncles coupés en dés. Beurrer généreusement un moule à soufflé et tapisser le fond d'une feuille de chou blanchi. Disposer sur les parois les bâtonnets de légumes en alternant les couleurs. Étaler la mousse de pétoncles sur les légumes et la feuille de chou puis farcir d'émincé de chou. Remplir le reste du moule avec la seconde mousse aux dés de pétoncles. Chauffer le four à 375°F et cuire la chartreuse 35 minutes au bain-marie.

❖ Dans une poêle en téflon, saisir le reste des pétoncles 10 secondes de chaque côté. Ajouter le reste du chou émincé et retirer du feu. Déglacer la poêle au sauternes. Monter au beurre en tournant. Remettre les pétoncles et le chou sur le feu et réchauffer quelque peu. Démouler délicatement la chartreuse au centre d'un plat de service et border de pétoncles et de chou au sauternes. Parsemer de persil.

POUR 4 PERSONNES.

La chartreuse de pétoncles au chou et sauternes

CANNELLONI DE LOTTE AU CRABE À LA MANDARINE NAPOLÉON

700 g (1 ½ lb) de lotte

4 mandarines

1 poireau

1 carotte

1 branche de céleri

quelques champignons

80 g (2 ½ oz) de mousse de pétoncles*

150 g (5 oz) d'épinards cuits, bien égouttés

250 g (8 oz) de crabe de neige

250 ml (1 tasse) de fumet de poisson*

100 ml (⅓ tasse) de vin blanc sec

150 ml (⅔ tasse) de mandarine Napoléon

200 ml (¾ tasse) de crème 35%

60 g (2 oz) de concassé de tomate*

50 g (3 c. à soupe) de beurre

quelques brins de ciboulette

Les cannelloni de lotte au crabe à la mandarine Napoléon

❖ Nettoyer la lotte et la couper en 4 grandes escalopes. Aplatir légèrement, saler et poivrer. Réserver. Peler le zeste des mandarines et blanchir 30 secondes à l'eau bouillante. Réserver.

❖ Peler et couper le blanc de poireau, la carotte, le céleri et les champignons en julienne. Faire sauter au beurre quelques secondes et laisser refroidir. Mélanger les légumes avec la mousse de pétoncles, les épinards et la chair de crabe. Rectifier l'assaisonnement. En farcir les escalopes et les rouler. Rabattre les bouts afin que la farce ne s'échappe pas et fixer à l'aide de deux cure-dents.

❖ Beurrer généreusement un plat allant au four et couvrir le fond de cannelloni de lotte. Mouiller avec le jus des 4 mandarines, le fumet de poisson, le vin blanc et la mandarine Napoléon. Cuire 12 minutes à 450°F.

❖ Retirer du four et réserver les cannelloni au chaud. Réduire le jus de cuisson à feu vif. Ajouter la crème, les zestes de mandarines et le concassé de tomate et réduire une seconde fois. Monter au beurre en remuant constamment et assaisonner de ciboulette ciselée. Servir les cannelloni nappés de sauce et accompagner de pâtes fraîches ou de riz.

POUR 4 PERSONNES.

*VOIR GLOSSAIRE

CABILLAUD POÊLÉ AUX PETITES POMMES DE TERRE ET LANGUES D'OURSINS

700 g (1 ½ lb) de cabillaud frais (ou de morue)

12 oursins

150 g (⅔ tasse) de beurre

2 échalotes françaises hachées

1 bouquet de cerfeuil

30 g (2 c. à soupe) de ciboulette

50 g (2 oz) d'amandes moulues

500 g (1 lb) de petites pommes de terre (grelots)

farine

15 ml (1 c. à soupe) d'huile végétale

jus de citron

❖ Nettoyer le cabillaud, retirer les arêtes et couper en 4 portions égales. Réserver. Ouvrir les oursins et retirer les langues à l'intérieur. Faire revenir les échalotes quelques minutes dans un peu de beurre. Laisser refroidir. Mélanger les langues avec 50 g (3 c. à soupe) de beurre, les échalotes, les herbes et les amandes. Bien amalgamer et réserver.

❖ Peler les pommes de terre grossièrement et les faire sauter vivement jusqu'à ce qu'elles soient dorées. Dans une poêle en téflon, faire chauffer l'huile et cuire le cabillaud enfariné 3 à 4 minutes de chaque côté. Arroser de jus de citron et retirer du feu. Tartiner le côté intérieur des filets de beurre d'oursin et cuire au four 5 minutes à 450°F. Déposer un filet de cabillaud au centre de chaque assiette et entourer de petites pommes de terre.

POUR 4 PERSONNES.

BLANC DE FLÉTAN À LA GRECQUE DE LÉGUMES ET CORIANDRE

600 g (1 ⅓ lb) de filets de flétan

1 carotte

50 g (2 oz) de céleri-rave

1 blanc de poireau

200 g (7 oz) de champignons

100 ml (⅓ tasse) d'huile d'olive

jus de 1 citron

1 trait de vinaigre blanc

5 graines de coriandre

1 bouquet de coriandre fraîche

1 tomate coupée en petits dés

30 ml (2 c. à soupe) de sauce vierge*

❖ Nettoyer le flétan et couper en 4 escalopes. Réserver. Peler et couper en brunoise de 4 mm la carotte, le céleri-rave, le poireau et les champignons. Faire revenir quelques minutes dans l'huile d'olive. Arroser de jus de citron et de vinaigre et ajouter les graines de coriandre. Cuire 6 minutes ou jusqu'à ce que les éléments se lient les uns aux autres.

❖ Ciseler finement la coriandre fraîche et combiner aux dés de tomates et à la sauce vierge. Cuire le flétan à la poêle 6 à 8 minutes. Couvrir le fond des assiettes avec la grecque de légumes et y coucher le flétan. Napper de sauce vierge à la coriandre.

POUR 4 PERSONNES.
*VOIR GLOSSAIRE

FILET DE BAR NOIR EN ÉCAILLES DE POMMES DE TERRE ET ENCRE DE CALMAR

1 poireau

1 carotte

1 oignon

15 g (1 c. à soupe) de beurre

1 bouquet garni

150 g (5 oz) de calmar coupé grossièrement

750 ml (3 tasses) de bon vin rouge tannique

200 g (¾ tasse) de beurre

30 g (2 c. à soupe) de ciboulette

3 pommes de terre

4 filets de bar de 300 g (10 oz)

❖ Couper les légumes en brunoise. Dans une casserole moyenne, faire fondre le beurre et revenir les légumes 3 minutes avec le calmar et le bouquet garni. Verser le vin et cuire à feu doux pendant 40 minutes. Passer au chinois fin et remettre sur le feu. Réduire jusqu'à consistance sirupeuse. Monter la sauce au beurre puis ajouter la ciboulette ciselée.

❖ Peler et trancher les pommes de terre en lamelles, aussi fines que des chips. Étendre les filets de bar sur une surface plane et assaisonner. Recouvrir le côté intérieur d'écailles de pommes de terre en appuyant fortement. Dans une poêle en téflon très chaude, saisir les filets côté écailles. Réduire le feu et cuire 6 à 7 minutes. Retourner très délicatement et cuire encore 3 minutes. Servir aussitôt sur la sauce de calmar.

POUR 4 PERSONNES.

En haut, le cabillaud poêlé aux petites pommes de terre et langues d'oursin; au centre, le blanc de flétan à la grecque de légumes et coriandre; en bas, le filet de bar noir en écailles de pommes de terre

Poêlée de cailles aux chanterelles et porto

12 cailles

15 ml (1 c. à soupe) d'huile

100 g (⅓ tasse) de beurre

500 g (1 lb) de chanterelles

1 poireau coupé en losanges de 1 cm de long

200 ml (¾ tasse) de porto

❖ Brider les cailles, saler et poivrer. Dans une sauteuse, faire chauffer l'huile et 30 g (2 c. à soupe) de beurre et cuire les cailles à feu vif pendant 3 minutes. Cuire au four encore 10 minutes à 375° en les retournant souvent. Retirer les cailles et enlever les ficelles. Laisser la sauteuse quelques secondes sur le feu afin de pincer les sucs. Jeter le gras de cuisson et faire sauter les chanterelles vivement. Ajouter le poireau et le porto et porter à ébullition. Monter avec le reste du beurre en remuant constamment. Disposer les cailles et les chanterelles sur un plat de service.

Pour 4 personnes.

Marguerite de faisan au porto

2 faisans de 800 g (1 ¾ lb)

1 oeuf

1 blanc d'oeuf

1 trait de cognac

200 ml (¾ tasse) de crème 35%

1 poireau

2 carottes moyennes

1 céleri-rave

80 g (2 ½ oz) de foie gras

crépine*

1 bouquet garni

200 ml (¾ tasse) de porto

1 litre (4 tasses) de bouillon de volaille

30 g (2 c. à soupe) de beurre

sel et poivre

❖ Mousse de faisan: Lever les 4 suprêmes de faisan, désosser les cuisses et conserver tous les os. Couper la chair des cuisses en morceaux et passer au mélangeur 2 minutes avec l'oeuf, le blanc d'oeuf, le cognac, le sel et le poivre. Verser la crème petit à petit et mélanger encore 1 minute pour rendre le tout homogène. Passer ensuite au tamis fin et réserver.

*À gauche, la marguerite de faisan au porto;
à droite, la poêlée de cailles et pommes de terre sautées*

❖ Peler et couper le blanc de poireau, les carottes et le céleri-rave en petits dés. Sauter au beurre et assaisonner. Mélanger ensemble la mousse de faisan, la moitié des légumes et le foie gras coupé en petits cubes. Étaler les suprêmes sur 4 carrés de crépine de 10 cm X 15 cm. À l'aide d'un couteau effilé, fendre les suprêmes en deux sans compléter la coupe. Répéter dans le sens de l'épaisseur. Farcir avec la moitié de la mousse et refermer. Rouler dans la crépine et ficeler délicatement. Réserver.

216

❖ Verser le reste de la farce dans 4 moules à darioles bien beurrés. Chauffer le four à 350°F et cuire au bain-marie 15 minutes. Réserver.

FOND DE FAISAN: Faire revenir à feu vif les os de faisans pendant quelques minutes. Ajouter la seconde moitié de légumes et le bouquet garni et cuire quelques minutes. Jeter le gras de cuisson et déglacer avec le porto. Couvrir de bouillon de volaille et cuire 45 minutes à feu doux. Passer au chinois. Remettre sur le feu et réduire des ⅔. Réserver.

Saler et poivrer les suprêmes et les faire blondir quelques minutes dans 20 g (1 ½ c. à soupe) de beurre.

Cuire au four 20 minutes à 450°F en les arrosant fréquemment. Retirer du four et réserver les suprêmes au chaud. Dégraisser et déglacer le poêlon avec le fond de faisan. Laisser réduire quelque peu et monter au beurre en remuant constamment. Démouler une dariole au centre de chaque assiette et ceinturer de sauce au faisan. Couper les rouleaux de suprême en rondelles et les disposer en pétales de marguerite autour de la dariole.

POUR 4 PERSONNES.

*VOIR GLOSSAIRE. Faute de crépine, on peut utiliser du papier d'aluminium; cuire alors dans un bouillon chaud plutôt qu'à la poêle.

MIGNONS DE PORC AU GINGEMBRE, CRÊPE DE MAÏS ET BEIGNET DE DAÏKON FRIT

1 racine de gingembre

100 g (⅓ tasse) de sucre

250 ml (1 tasse) d'eau

12 mignons de porc de 60 g (2 oz) chacun

farine

15 ml (1 c. à soupe) d'huile végétale

15 g (1 c. à soupe) de beurre

150 ml (⅔ tasse) de vermouth blanc sec

1 échalote française hachée

50 ml (3 c. à soupe) de vinaigre de riz

250 ml (1 tasse) de jus de veau*

50 g (3 c. à soupe) de beurre

BEIGNET DE DAÏKON FRIT

1 daïkon* de 200 g (7 oz)

100 g (1 tasse) de farine

15 ml (1 c. à soupe) d'huile végétale

2 oeufs

150 ml (⅔ tasse) de bière

huile à friture

sel et poivre

CRÊPES

150 g (5 oz) de pommes de terre pelées

125 ml (½ tasse) de lait

50 g (⅓ tasse) de farine

2 oeufs

1 blanc d'oeuf

15 g (1 c. à soupe) de beurre

75 g (2 ½ oz) de maïs frais ou en boîte

sel et poivre

❖ Couper la racine de gingembre en fine julienne. Dissoudre le sucre dans l'eau et porter à ébullition. Confire le gingembre dans l'eau sucrée frémissante pendant 20 minutes.

❖ Enfariner les mignons de porc. Dans un poêlon, chauffer le beurre et l'huile et cuire les mignons 3 minutes de chaque côté en les gardant bien rosés. Réserver les mignons au chaud et dégraisser le poêlon. Faire revenir l'échalote et la julienne de gingembre pendant quelques minutes. Déglacer au vinaigre et laisser réduire de moitié. Déglacer une seconde fois au vermouth et laisser réduire du tiers. Mouiller avec le jus de veau, laisser réduire quelque peu et monter au beurre. Remettre les mignons dans le poêlon pour les réchauffer et servir

*À gauche, les mignons de porc
au gingembre et beignet de daïkon frit;
à droite, les crêpes de maïs*

aussitôt. Accompagner de crêpes de maïs et de beignets de daïkon frit.

❖ BEIGNET DE DAÏKON FRIT: Peler le daïkon et le couper en grosse julienne. Réserver. Combiner la farine, l'huile, les jaunes d'oeufs et la bière. Monter les blancs en neige et les incorporer délicatement à la pâte. Saler et poivrer. Enfariner la julienne de daïkon, la secouer dans un tamis et la plonger dans la pâte à beignet. Jeter la julienne de daïkon dans une huile à friture de 350°F et cuire 1 minute. Égoutter et saler.

❖ CRÊPES DE MAÏS: Cuire les pommes de terre 20 minutes dans l'eau bouillante. Égoutter et réduire en purée. Mouiller avec le lait et laisser refroidir. Ajouter ensuite le lait, la farine, les oeufs et le blanc d'oeuf en neige. Bien mélanger, saler et poivrer. Dans une poêle, faire fondre le beurre et verser un peu de pâte. Parsemer aussitôt le centre de grains de maïs et cuire quelques secondes. Retourner rapidement et cuire quelques secondes de l'autre côté.

POUR 4 PERSONNES.

*VOIR GLOSSAIRE

Cuissot
de cerf d'Anticosti
à la purée d'ail
et noisettes grillées

1 carotte

1 céleri-rave

1 échalote

1 oignon

1 cuissot de cerf d'Anticosti, paré, désossé et enveloppé de crépine

6 gousses d'ail en chemise

1 bouquet garni

500 ml (2 tasses) de vin blanc sec

100 ml (⅓ tasse) de vin muscat blanc

100 g (⅓ tasse) de beurre

300 g (10 oz) de noisettes

Purée d'ail

3 têtes d'ail pelées

200 ml (¾ tasse) de crème 35%

sel et poivre

❖ Peler et couper les légumes en petits dés. Cuire le cuissot de cerf 10 minutes à 550°F. Retourner, réduire le feu à 450°F et poursuivre la cuisson 20 minutes. Ajouter 6 gousses d'ail en chemise, les légumes et le bouquet garni et cuire encore 25 minutes. Retirer du four et réserver le cuissot.

❖ Dégraisser la plaque et déglacer avec le vin blanc et le muscat. Porter à ébullition et réduire de moitié. Monter au beurre en remuant constamment. Griller les noisettes au four jusqu'à ce qu'elles soient bien dorées. Incorporer à la sauce au dernier moment. Poser le cuissot au centre d'un plat de service et napper de sauce. Accompagner de pâtes fraîches et d'une quenelle de purée d'ail.

❖ Purée d'ail: Beurrer généreusement le fond d'une casserole et couvrir de gousses d'ail. Cuire doucement en remuant constamment pendant 7 minutes. Ajouter la crème et cuire à gros bouillons pendant 5 minutes. Passer ensuite au mélangeur et assaisonner au goût.

Pour 10 personnes.

219

Grenadins de Veau à l'acidulé d'endives et vieux vinaigre de Xérès

6 endives

50 g (3 c. à soupe) de beurre

jus de 1 citron

600 g (1,3 lb) de filet de veau coupé en 12 grenadins

50 ml (3 c. à soupe) de vinaigre de xérès

50 ml (3 c. à soupe) d'huile de noisette

sel et poivre

❖ Couper 3 endives en quatre et faire revenir 2 minutes dans 30 g (2 c. à soupe) de beurre. Asperger de jus de citron. Cuire à feu doux pendant 5 minutes. Garder croquant et réserver.

❖ Émincer le reste des endives en fine julienne. Dans un poêlon, cuire les grenadins 2 minutes de chaque côté. Les retirer du poêlon et cuire la julienne d'endives pendant 2 minutes. Déglacer au vinaigre de xérès. Prélever la julienne d'endives et réserver. Incorporer l'huile de noisette et bien émulsionner. Incorporer la julienne d'endives. Couvrir le fond de chaque assiette de vinaigrette et y déposer 3 grenadins. Garnir d'endives.

Pour 4 personnes.

Longe d'agneau du Québec au caviar d'aubergine

1 petite aubergine

½ gousse d'ail hachée

100 ml (⅓ tasse) d'huile d'olive

½ citron

1 petite courgette

600 g (1 ⅓ lb) de longes d'agneau

150 ml (⅔ tasse) de jus d'agneau*

100 g (⅓ tasse) de beurre

15 ml (1 c. à soupe) concassé de tomate*

sel et poivre

❖ Caviar d'aubergine: Trancher l'aubergine en deux dans le sens de la longueur et pratiquer sur la chair de larges incisions. Huiler un poêlon, parsemer d'ail et y déposer l'aubergine, chair dessous. Cuire au four à 400°F pendant 12 minutes. Retirer du four et prélever la chair à l'aide d'une cuillère. Passer au mélangeur avec l'huile d'olive et le jus de citron. Saler. Émincer la courgette, saler et poivrer. Sauter vivement à la poêle pendant 1 minute. Réserver.

❖ Dans un poêlon, cuire les longes 3 minutes de chaque côté. Jeter le gras de cuisson et déglacer avec le jus d'agneau. Laisser réduire quelque peu et monter au beurre en remuant constamment. Déposer une cuillerée de

caviar d'aubergine, entourer de tranches de courgette et
placer les tranches de longe tout autour. Napper de sauce.

Pour 4 personnes.

*VOIR GLOSSAIRE

*À gauche, les grenadins de veau aux endives;
à droite, la longe d'agneau au caviar d'aubergine*

Magret de canard au miel et couscous

1 carotte

1 navet

1 courgette

125 ml (½ tasse) de bouillon de volaille

125 g (4 oz) de couscous

30 g (1 ½ oz) de raisins secs

50 ml (3 c. à soupe) de miel

50 ml (3 c. à soupe) de vinaigre de vin rouge

700 g (1 ½ lb) de magret de canard

300 ml (1 ¼ tasse) de fond de canard*

100 g (⅓ tasse) de beurre

24 pois mange-tout

Le magret de canard au miel et couscous

❖ Couper la carotte, le navet et la courgette en 16 petites boules à l'aide d'une petite cuillère parisienne. Cuire les boules de carotte dans 250 ml d'eau bouillante et 30 g de beurre pendant 3 minutes. Ajouter les boules de navets et cuire 2 minutes. Ajouter ensuite les courgettes et réserver dans l'eau de cuisson.

❖ Porter à ébullition 125 ml de bouillon de volaille et 1 goutte d'huile d'olive. Verser le couscous en pluie avec les raisins secs. Cuire 3 minutes et réserver.

❖ Saler et poivrer les magrets et cuire au four 15 minutes à 550°F. Retirer du four, et réserver les magrets. Mettre la poêle sur un feu vif quelques secondes, afin de pincer les sucs. Jeter le gras de cuisson et déglacer avec le miel et le vinaigre. Laisser réduire quelque peu. Ajouter le fond de canard et monter au beurre en remuant constamment.

❖ Déposer un nid de couscous au bord de chaque assiette et, en son creux, quelques boules de légumes. Border le nid de pois mange-tout. Couvrir le fond des assiettes de sauce et y coucher les tranches de magret.

Pour 4 personnes.

*VOIR GLOSSAIRE

*Les ris de veau au Drambuie
et matignon de légumes*

Ris de veau au Drambuie
et matignon de légumes

700 g (1 ½ lb) de ris de veau

½ carotte

4 champignons

1 petite branche de céleri

1 poireau

15 ml (1 c. à soupe) d'huile végétale

150 ml (⅔ tasse) de Drambuie

250 ml (1 tasse) de demi-glace de viande*

60 g (4 c. à soupe) de beurre

1 branche de romarin hachée

sel et poivre

❖ Blanchir les ris de veau 2 minutes à l'eau bouillante. Nettoyer et mettre sous presse. Peler et couper la carotte, les champignons, le céleri et le blanc de poireau en petite brunoise. Sauter avec 15 g (1 c. à soupe) de beurre pendant quelques minutes.

❖ Assaisonner les ris de veau et cuire vivement dans un peu d'huile et de beurre, 2 minutes de chaque côté. Réserver au chaud.

❖ Dégraisser la poêle puis déglacer au Drambuie. Ajouter le matignon de légumes et le romarin. Réduire quelque peu et verser la demi-glace. Monter avec le reste du beurre en remuant constamment. Servir les ris dans leur sauce.

POUR 4 PERSONNES.

*VOIR GLOSSAIRE

223

Les mignons de caribou, salsifis et pommes de terre au four

Mignons de caribou en venaison de genièvre

1 carotte

1 oignon

6 échalotes

½ gousse d'ail

125 ml (½ tasse) d'huile végétale

700 g (1 ½ lb) de filet de caribou coupé en 12 mignons

100 g (3 ½ oz) de parures de caribou

1 bouquet garni

100 ml (⅓ tasse) de vinaigre de vin rouge

1 litre (4 tasses) de vin rouge

200 ml (¾ tasse) de crème 35 %

10 baies de genièvre

30 grains de poivre concassés

150 g (5 oz) de gelée de groseille

❖ Peler et couper la carotte, l'oignon, les échalotes et l'ail en petits dés.

❖ Chauffer 90 ml d'huile végétale dans une casserole et faire revenir les parures de caribou et les légumes à feu vif. Jeter le gras de cuisson et déglacer au vinaigre. Mouiller avec le vin rouge (réserver 20 ml), ajouter le bouquet garni, les grains de poivre et cuire 40 minutes à feu doux en écumant régulièrement. Passer ensuite au chinois et remettre sur le feu. Faire réduire des ⅔ et incorporer la crème, le genièvre et la gelée de groseille. Laisser mijoter 5 minutes et réserver.

❖ Faire chauffer 30 ml d'huile végétale dans une poêle et cuire les mignons 2 minutes de chaque côté. Jeter le gras de cuisson et déglacer avec 20 ml de vin rouge. Incorporer le fond de caribou et bien mélanger. Accompagner de salsifis frits et de pommes de terre au four.

Pour 4 personnes.

FRICASSÉE DE CUISSES DE CANARD AUX SHIITAKE ET PÂTES FRAÎCHES

FOND DE CANARD

os de canard

1 carotte coupée en dés

1 branche de céleri coupée en dés

1 oignon coupé en dés

1 gousse d'ail

1 bouquet garni

15 g (1 c. à soupe) de beurre

500 g (1 lb) de shiitake

300 ml (1 ¼ tasse) de vin rouge corsé

La fricassée de canard aux shiitake et pâtes fraîches

4 cuisses de canards gras ou 8 cuisses de canards ordinaires

8 échalotes françaises

100 g (⅓ tasse) de beurre

quelques brins de ciboulette ciselée

250 g (8 oz) de linguine aux épinards

❖ FOND DE CANARD: Désosser les cuisses de canard et couper la chair en cubes de 2 cm. Réserver. Concasser les os et faire revenir quelques minutes avec la carotte, le céleri, l'oignon et l'ail dans un peu de beurre. Incorporer les queues de shiitake. Jeter le gras de cuisson puis déglacer avec le vin rouge et un peu d'eau. Ajouter le bouquet garni. Laisser mijoter 20 minutes. Passer au chinois et réserver.

❖ Dans un poêlon, saisir les morceaux de canard pendant 4 minutes. Ajouter les échalotes et les shiitake finement émincés et cuire encore 5 à 6 minutes. Réserver la viande et déglacer le poêlon avec le fond de canard. Réduire des ⅔ puis monter au beurre en remuant constamment. Incorporer enfin la ciboulette et en napper la viande. Servir avec les linguine aux épinards.

POUR 4 PERSONNES.

～ Les desserts ～

Gratin de pommes au cidre du Minot

4 pommes Red Delicious

45 g (3 c. à soupe) de beurre

100 g (⅓ tasse) de sucre granulé

100 g (3 ½ oz) de génoise en cubes (facultatif)

6 jaunes d'oeufs

250 ml (1 tasse) de cidre

50 g (3 c. à soupe) de cassonade

❖ Peler et couper les pommes en 8 quartiers. Faire sauter au beurre. Ajouter 30 g (2 c. à soupe) de sucre et faire caraméliser légèrement. Verser dans 4 petits plats à gratin avec les cubes de génoise.

❖ Dans un cul-de-poule, monter les jaunes d'oeufs à feu doux avec le sucre et le cidre pendant 5 minutes environ. Verser sur les pommes, saupoudrer de cassonade et gratiner au four à feu vif.

Pour 4 personnes.

Gâteau aux amandes

500 g (1 lb) d'amandes moulues

500 g (2 tasses) de sucre

12 oeufs

60 g (4 c. à soupe) de beurre

quelques gouttes d'essence de fleurs d'oranger (facultatif)

❖ Mélanger les amandes et le sucre. Incorporer les 12 jaunes d'oeufs, le beurre et l'essence de fleurs d'oranger et bien amalgamer. Battre les 12 blancs d'oeufs en neige et les combiner délicatement au mélange. Verser le tout dans 2 moules ronds de 20 cm et cuire à 300°F pendant 1 heure. Démouler et laisser refroidir. Soupoudrer de sucre à glacer.

Pour 8 à 10 personnes.

*À gauche, le gâteau aux amandes;
à droite, le gratin de pommes
au cidre du Minot*

*À gauche, le sabayon glacé
aux mandarines et banane au rhum;
à droite, le croustillant de poires*

CROUSTILLANT DE POIRES, BEURRE DE RHUM ET VANILLE

4 poires Bartlett

100 g (⅓ tasse) de beurre

60 g (4 c. à soupe) de sucre

1 gousse de vanille

100 ml (⅓ tasse) de rhum brun

4 feuilles de pâte à rouleaux impériaux (filo)

1 jaune d'oeuf

❖ Peler les poires et couper la chair en petits cubes. Dans une poêle en téflon, sauter les poires avec le sucre, la vanille et 25 g de beurre. Laisser dorer et déglacer avec le rhum. Égoutter les poires et conserver le jus de cuisson. Prélever le quart des poires pour la confection du beurre de rhum.

❖ Étendre une feuille de pâte filo et badigeonner de beurre fondu. Déposer par-dessus, mais légèrement décalée, une seconde feuille de pâte. Badigeonner de beurre. Déposer une grosse cuillerée de poires et rouler en papillotte. Attacher les bouts avec une fine lamelle d'angélique ou de poireau blanchi. Dans un poêlon, colorer les papillottes 1 minute de chaque côté.

❖ BEURRE DE RHUM ET VANILLE: Remettre le jus de cuisson sur le feu et incorporer les cubes de poires restants. Chauffer et monter avec le reste du beurre. Couvrir le fond des assiettes de beurre de rhum et y déposer un croustillant.

POUR 4 PERSONNES.

SABAYON GLACÉ AUX MANDARINES ET BANANE AU RHUM

125 g (½ tasse) de sucre

50 ml (3 c. à soupe) d'eau

4 jaunes d'oeufs

50 ml (3 c. à soupe) de liqueur de mandarine Napoléon

250 ml (1 tasse) de crème 35%

2 mandarines

2 bananes

coulis de mandarine*

❖ Dissoudre le sucre dans l'eau et faire bouillir pendant 5 minutes à 117° Beaumé. Battre les jaunes d'oeufs à grande vitesse au mélangeur. Verser dessus le sirop encore bouillant et battre au mélangeur jusqu'à refroidissement complet. Incorporer ensuite la mandarine Napoléon, la crème fouettée et mélanger délicatement à l'aide d'une spatule. Verser dans 4 petits moules et réserver 8 heures au congélateur.

❖ Couvrir le fond de chaque assiette de coulis de mandarine et y déposer un sabayon glacé. Disposer quelques quartiers de mandarines tout autour et accompagner de tranches de banane poêlées.

POUR 4 PERSONNES.

*VOIR GLOSSAIRE

GÂTEAU CHARLOT AUX MARRONS CONFITS

Biscuit

4 oeufs

75 g (⅓ tasse) de sucre

75 g (⅔ tasse) de farine

15 g (1 c. à soupe) de beurre fondu

Mousse aux marrons

75 g (⅓ tasse) de sucre

85 g de jaunes d'oeufs (3 gros jaunes d'oeufs)

3 feuilles de gélatine

100 ml (⅓ tasse) de rhum brun

75 g (2 ½ oz) de crème de marrons

200 ml (¾ tasse) de crème 35%

quelques brisures de marrons confits

Mousse au chocolat amer

125 g (8 oz) de chocolat amer

50 ml (3 c. à soupe) de lait

250 ml (1 tasse) de crème 35%

50 g (2 oz) de chocolat amer en copeaux

❖ BISCUIT: Séparer les blancs d'oeufs des jaunes. Mélanger les jaunes avec 30 g de sucre à feu doux dans un cul-de-poule ou au bain-marie. Incorporer la farine. Monter les blancs en neige avec le reste du sucre. Incorporer les blancs aux jaunes puis le beurre fondu. Verser le tout dans une poche à pâtisserie munie d'une douille unie et coucher sur une plaque de 20 cm. Cuire 10 minutes à 350°F.

❖ MOUSSE AUX MARRONS: Faire tremper la gélatine 2 minutes dans l'eau froide. Dissoudre le sucre dans 400 ml (1 ⅔ tasse) d'eau et porter à ébullition. Faire bouillir 1 minute et ajouter la gélatine. Verser sur les jaunes d'oeufs et fouetter à vitesse rapide à l'aide d'une mixette. Incorporer délicatement le rhum et la crème de marrons. Ajouter ensuite la crème fouettée et les brisures de marrons confits.

❖ MOUSSE AU CHOCOLAT: Couper le chocolat en petits morceaux et le placer dans un bol. Porter le lait à ébullition et le verser encore chaud sur le chocolat. Bien mélanger. Incorporer la moitié de la crème fouettée et travailler délicatement. Incorporer ensuite l'autre moitié et mélanger de la même manière.

❖ Couvrir le fond d'un cercle à gâteau de 12 cm avec la moitié du biscuit. Y verser la mousse au chocolat et couvrir avec le reste du biscuit. Verser ensuite la mousse aux marrons et réfrigérer 2 heures. Décorer de copeaux de chocolat amer.

Pour 8 personnes.

Le gâteau charlot aux marrons confits

TARTE CHAUDE MINUTE AUX POMMES ET GLACE À LA CANNELLE

La tarte chaude minute aux pommes et glace à la cannelle

400 g (12 oz) de pâte feuilletée au beurre

8 pommes Red Delicious pelées et tranchées finement

125 g (½ tasse) de sucre granulé

200 g (¾ tasse) de beurre doux

GLACE À LA CANNELLE

12 jaunes d'oeufs

250 g (1 tasse) de sucre

1 litre (4 tasses) de lait

4 bâtons de cannelle

❖ Abaisser la pâte à 1 mm et la détailler en 4 cercles de 15 cm. Les déposer sur une plaque à pâtisserie. Étendre les tranches de pommes sur chaque abaisse. Saupoudrer de sucre et de morceaux de beurre. Cuire au four à 450°F pendant 20 minutes. Servir aussitôt avec une boule de glace à la cannelle.

❖ GLACE À LA CANNELLE: Fouetter ensemble les jaunes d'oeufs et le sucre. Mettre les bâtons de cannelle dans le lait et porter à ébullition. Laisser infuser 5 minutes. Verser le lait encore chaud sur les jaunes d'oeufs. Remettre sur le feu et remuer jusqu'à ce que la crème nappe la spatule. Passer au chinois puis à la sorbetière*.

POUR 4 PERSONNES.

*VOIR GLOSSAIRE

TARTE CHOCOLATÉE AUX POMMES ET SAFRAN

80 g (⅔ tasse) de farine

25 g (1 oz) d'amandes moulues

1 pincée de sel

20 g (1 ½ c. à soupe) de sucre

1 jaune d'oeuf

60 g (4 c. à soupe) de beurre en morceaux

4 pommes

CRÈME AU SAFRAN

3 jaunes d'oeufs

15 ml (1 c. à soupe) de miel

250 ml (1 tasse) de crème 35%

1 pincée ou 5 pistils de safran

CRÈME AU CHOCOLAT

50 ml (3 c. à soupe) de lait

15 g (1 c. à soupe) de sucre

1 jaune d'oeuf

100 g (3 ½ oz) de chocolat amer

200 ml (¾ tasse) de crème 35%

❖ Verser la farine sur un plan de travail. Creuser un puits au centre et y verser les amandes, le sel, le sucre, le jaune d'oeuf et le beurre. Pétrir jusqu'à l'obtention d'une pâte homogène. Réfrigérer 1 heure puis foncer un moule à tarte.

❖ Peler les pommes et couper la chair en dés de 1 cm. Faire sauter au beurre quelques minutes et réserver.

❖ CRÈME AU SAFRAN: Mélanger les jaunes d'oeufs et le miel. Porter la crème à ébullition et la verser encore bouillante sur les jaunes. Bien mélanger. Incorporer le safran et laisser infuser quelques minutes. Mélanger avec les pommes, verser dans le moule et cuire 50 minutes à 300°F. Laisser refroidir.

❖ CRÈME AU CHOCOLAT: Mélanger le jaune d'oeuf et le sucre et verser dessus le lait bouillant. Y faire fondre les morceaux de chocolat. Incorporer peu à peu la crème fouettée délicatement. Garnir la tarte de crème chocolatée.

POUR 6 PERSONNES.

POIRE POCHÉE À LA VANILLE ET SA GLACE AU CARAMEL

4 poires

1 citron

500 g (2 tasses) de sucre

1 gousse de vanille

GLACE CARAMEL

250 ml (1 tasse) de lait

1 gousse de vanille

60 g (4 c. à soupe) de sucre

4 jaunes d'oeufs

❖ Peler les poires et évider le centre à l'aide d'une cuillère parisienne. Arroser de jus de citron et pocher dans un litre d'eau bouillante additionnée de sucre et de vanille pendant 15 minutes. Laisser refroidir dans le sirop.

❖ GLACE CARAMEL: Porter le lait à ébullition avec la gousse de vanille. Faire caraméliser le sucre à feu vif et verser dessus le lait encore chaud. Verser le tout sur les jaunes d'oeufs et remettre sur le feu. Battre jusqu'à consistance crémeuse. Passer à la sorbetière et servir.

POUR 4 PERSONNES.

À gauche, le nougat glacé au miel; au centre, la poire pochée à la vanille et sa glace au caramel; à droite, la tarte chocolatée

Nougat glacé au miel et chartreuse

Nougatine

100 g (3 ½ oz) de noisettes

30 g (2 c. à soupe) d'amandes

60 g (6 c. à soupe) de sucre

Fruits

25 g (1 ¾ c. à soupe) de sucre

25 ml (1 ¾ c. à soupe) de glucose (ou 25 g de sucre)

50 ml (3 c. à soupe) de miel de trèfle

60 g de blancs d'oeufs (2 gros blancs d'oeufs)

250 ml (1 tasse) de crème 35%

50 ml (3 c. à soupe) de chartreuse

30 g (1 ½ oz) de raisins secs pochés

30 g (1 ½ oz) d'ananas semi-confits

50 g (2 oz) de fruits confits en dés

30 g (1 ½ oz) de pistache

30 g (1 ½ oz) de cerises confites

❖ Nougatine: Combiner les noisettes, les amandes et le sucre et faire caraméliser à feu vif. Coucher sur une plaque et laisser refroidir. Concasser en morceaux.

❖ Dans une petite casserole, cuire le sucre, le glucose et le miel à 122° Beaumé. Battre les blancs d'oeufs en neige. Verser dessus le sirop bouillant et battre jusqu'à un complet refroidissement. Fouetter la crème et l'incorporer délicatement avec la chartreuse, les fruits, les pistaches et la nougatine. Verser dans un moule et congeler 8 heures. Servir avec un coulis de framboise.

Pour 6 à 8 personnes.

Glossaire

BEURRE DE HOMARD

6 carapaces de homards

800 g (1 ¾ lb) de beurre

❖ Concasser les carapaces de homards et les passer au mélangeur avec le beurre. Aussitôt que le beurre a rosi, le transférer dans une casserole. Faire fondre le beurre à feu très doux pendant 12 minutes. Mouiller avec 2 litres d'eau et faire bouillir 3 minutes. Éteindre le feu, récupérer tout le beurre à la surface du bouillon et jeter le reste. Passer le beurre au chinois et réfrigérer quelques heures. Peut se conserver plusieurs semaines.

CONCASSÉ DE TOMATES

2 oignons moyens hachés

30 ml (2 c. à soupe) d'huile d'olive

1 gousse d'ail hachée

1 bouquet garni composé de thym, de persil et d'une feuille de laurier

8 tomates pelées et épépinées, grossièrement hachées

❖ Faire blondir les oignons quelques minutes dans l'huile d'olive. Incorporer l'ail, le bouquet garni et les tomates. Cuire jusqu'à l'évaporation complète du liquide, environ 20 minutes.

POUR 4 PERSONNES.

COULIS DE FRUIT (FRAISE, FRAMBOISE, BLEUET)

100 g (⅓ tasse) de sucre

500 g (1 lb) de petits fruits

jus de ½ citron (facultatif)

❖ Passer les fruits, le sucre et le jus de citron au mélangeur. Passer au chinois.

COULIS DE MANDARINE

4 mandarines

100 g (⅓ tasse) de sucre

100 g (3 ½ oz) de confiture d'abricots

❖ Peler le zeste des 4 mandarines. Dissoudre le sucre dans 200 ml (¾ tasse) d'eau. Porter à ébullition et y confire le zeste pendant 1 heure. Extraire le jus des mandarines et faire réduire de moitié à feu vif. Incorporer la confiture d'abricots, le zeste de mandarine et passer au mélangeur.

COULIS DE TOMATE

100 ml (⅓ tasse) d'huile d'olive

2 gros oignons émincés

2 gousses d'ail émincées

1 bouquet garni

2 kg (4 ½ lb) de tomates émondées et grossièrement hachées

sel et poivre

❖ Dans une casserole, faire revenir les oignons et l'ail dans l'huile d'olive. Ajouter les tomates et le bouquet garni. Saler et poivrer. Porter à ébullition et laisser mijoter 20 minutes. Retirer le bouquet garni, passer au mélangeur et au chinois.

CRÈME ANGLAISE

6 jaunes d'oeufs

125 g (½ tasse) de sucre

500 ml (2 tasses) de lait

1 gousse de vanille

❖ Battre les jaunes d'oeufs et le sucre jusqu'à consistance onctueuse. Porter le lait à ébullition et le verser encore chaud sur les jaunes d'oeufs. Incorporer la vanille. Bien mélanger. Remettre sur le feu et remuer jusqu'à ce que la crème adhère à la spatule.

FOND BLANC

5 kg (11 lb) d'os et de parures de volaille (ou de boeuf)

2 carottes émincées

2 oignons émincés

1 poireau émincé

2 branches de céleri émincées

1 bouquet garni

1 clou de girofle

gros sel

❖ Concasser les os et les mettre sans les colorer dans une casserole avec les légumes et le bouquet garni. Couvrir d'eau et cuire 2 heures à faibles bouillons. Passer au chinois et faire réduire à consistance désirée.

FOND DE GIBIER

3 kg (6 ½ lb) d'os et de parures de gibier (lapin, cerf, canard, faisan...)

3 carottes

3 oignons

100 ml (⅓ tasse) d'huile d'olive

1 gros bouquet garni

12 baies de genièvre

2 litres (8 tasses) de vin rouge (ou de vin blanc pour les gibiers à plumes)

❖ Faire colorer les os et les parures de gibier au four à 375°F. Émincer les légumes et les faire revenir à l'huile d'olive dans une casserole. Verser les os et les parures par-dessus. Couvrir d'eau et de vin et cuire pendant 3 heures à faibles bouillons (ou pendant 1 heure pour les gibiers à plumes). Passer le bouillon au chinois et faire réduire jusqu'à consistance désirée.

FOND OU JUS DE VEAU

5 kg (11 lb) d'os et de parures de veau (ou autre viande comme le boeuf ou l'agneau)

125 ml (½ tasse) d'huile végétale

2 carottes émincées

2 oignons émincés

1 poireau émincé

2 branches de céleri émincées

3 gousses d'ail hachées

45 g (3 c. à soupe) de beurre

30 ml (2 c. à soupe) de pâte de tomates

6 tomates coupées en deux

1 bouquet garni

❖ Dans une grande casserole, faire chauffer l'huile végétale et colorer les os et les parures. Dans un poêlon, faire revenir les légumes au beurre. Égoutter ensemble les os et les légumes. Remettre le tout sur le feu et couvrir d'eau. Ajouter la pâte de tomates, les tomates et le bouquet garni. Laisser mijoter 4 à 5 heures (ou 2 heures pour l'agneau). Passer au chinois.

FUMET DE POISSON

3 kg (6 ½ lb) d'arêtes et de têtes de poissons

2 oignons

1 poireau

1 branche de céleri

10 champignons

1 bouquet garni

1 litre (4 tasses) de vin blanc

quelques gouttes de jus de citron

sel

❖ Mettre les légumes émincés et le bouquet garni dans une casserole. Mettre par-dessus les arêtes et les têtes de poisson. Couvrir d'eau et de vin blanc. Assaisonner de sel et de jus de citron. Porter à ébullition et écumer. Cuire ensuite 30 minutes à faibles bouillons.

GLACE ET DEMI-GLACE DE VIANDE

❖ Faire réduire le fond de viande jusqu'à consistance de glace, c'est-à-dire qui nappe le dos d'une cuillère, ou de demi-glace.

GLACE DE HOMARD

carcasses de homard

3 tomates

1 carotte

1 poireau

2 branches de céleri

❖ Peler et émincer les légumes. Faire bouillir avec les carcasses de homard pendant 2 heures. Passer le bouillon au chinois et faire réduire jusqu'à consistance de glace.

GLACE DE VOLAILLE

❖ Faire réduire le fond blanc jusqu'à consistance de glace, c'est-à-dire qui nappe le dos d'une cuillère et rectifier l'assaisonnement.

MOUSSE DE PÉTONCLES

250 g (½ lb) de pétoncles

2 blancs d'oeufs

250 ml (1 tasse) de crème 35%

sel et poivre

❖ Mettre les pétoncles, les blancs d'oeufs, le sel et le poivre dans un robot et mélanger pendant 1 minute. Ajouter la crème et mélanger encore 1 minute.

SAUCE VIERGE

jus de 1 citron

200 ml (¾ tasse) d'huile d'olive extravierge

15 ml (1 c. à soupe) de moutarde de Meaux

1 bouquet de basilic

1 bouquet de ciboulette

sel et poivre

❖ Extraire le jus du citron, saler et poivrer. Verser l'huile d'olive et la moutarde et mélanger. Hacher finement les herbes et les incorporer à la sauce.

BRUNOISE: Terme qui désigne à la fois une façon de tailler les légumes en dés minuscules de 1 ou 2 mm de côté et le résultat de cette opération.

CHINOIS: Passoire conique munie d'un manche. Le chinois en étamine métallique sert à filtrer les bouillons et les sauces qui demandent à être lisses. Le chinois en fer blanc perforé sert à passer les sauces épaisses, en les foulant à l'aide d'un pilon pour éliminer les grumeaux.

CRÉPINE: Fine membrane veinée de gras également appelée «toilette» qui entoure l'estomac des animaux de boucherie. On l'utilise pour envelopper la chair à saucisse quand on fait les crépinettes, et aussi pour maintenir une préparation hachée pendant sa cuisson.

DAÏKON: Gros radis du Japon qui peut se manger cru, comme les radis indigènes, ou cuit, comme les navets.

MOULE À DARIOLE: Moule à peine évasé qui s'emploie pour préparer les petites pâtisseries, les babas individuels, les flans, les gâteaux et les gâteaux de riz.

MOULE À MANQUÉ: Moule rond à bords légèrement évasés et à fond mobile.

PARURES: Parties d'un légume, d'une viande, d'un poisson, d'une volaille ou d'un gibier non utilisées lors de la préparation d'un apprêt et parfois réservées pour un emploi ultérieur.

SORBETIÈRE: Appareil électrique composé d'un récipient équipé d'un malaxeur et utilisé pour faire prendre en glace crèmes et sirops.

Source: *Nouveau Larousse gastronomique*, Librairie Larousse, Paris.

✌ Index ✌

ABB

Remerciements

Alain Biron Conseiller en production
Albert Antique
Alimex inc.
Antiquités Deuxièmement
Antiquités Hubert
Antiquités Pierre Leduc
Arthur Quentin
Au Tournant de la Rivière
Bleu Nuit
Boulangerie Le Passe-Partout
Café Mélies
Caffè Italia
Caisse populaire Jean-Talon
Céramiques Ramca
Charcuterie du Vieux Longueil
Champignons Desteredjian
Confiserie Louise Descarie
Dominique Blain
France Lafond Design graphique
Fruits et légumes Gaëtan Bono
La Brioche Lyonnaise
Les Herbes Daniel
Importations Jonier
Kodak Canada
Marbres Ciot
Martine Blain
Microboulangerie Le Fromentier
Nelson Roy Avocat
Pêcheries Norref
Phil'z
Pierre-Yves Marcoux
Polaroid
Restaurant Da Marcello
Restaurant Laloux
Shed Café
Solange Deschênes Réviseur
Slovenia
3M
Christian Mathieu

Remerciements

Charles Authier
Carmella Bellomo
Tony Bellomo
Lucie Bernard
Nina Berkson
Lucille Blain
Monique Blain
Roger Blain
Jocelyne Boileau
Daniel Boisvert
François Bolduc
Gaétan Bono
Robert Bouchard
Gérard Brochu
Linda Brochu
Donald Campbell
Marie-Jardine Campbell
Jean-François Carmel
Yvan Castonguay
Michel Champagne
Louise Champoux-Paillé
Ginette Chartrand
Jean-Guy Cholette
Francine Coallier-Vachon
Jean Corriveau
Bernard Côté
Louise Dallaire
Michèle Delisle
Jocelyn Demers
Robert Denis
Dominique De Pasquale

Mario De Repentigny
Solange Deschênes
Ueli Dietiker
Gaetano Di Trapani
Alain Doutre
Louise Duhamel
Michel Dumas
Yves Dupré
Benoît Fradette
Ange Forcherio
Michel Gagnon
Paul Gamache
Pierre Gascon
François Gauthier
Michel Giguère
Lysane Grégoire
Suzanne Hallé
Gaëtan Hayeur
Serge Hervouet Zeiber
Thérèse Hobbs
Richard Jarry
Marcel Joyal
Michel Lacroix
Guy Lafond
Jérôme Laloux
Gisèle Lambert
Camille Laverdière
Ann Lavoie
Denys Leclerc
Murielle Leclerc
Francine Liboiron

Gilles Liboiron
Hélène Matte
James McGuire
Louise Ménard
Luc Ménard
Michel Meunier
Gisèle Moody
Louise Painchaud
Pascal Palmien
Lise Perras
Gérard Philip de Laborie
Gilles Piché
Manon Piché
Diane Pinsonneault
Maryse Quentin
Sophie Quevillon
Manon Ramacieri
Yolande Richard
Mario Rioux
Georges Roy
Henri Roy
Pierre St-Hilaire
Frank Tata
Stéphane Tourengeau
Yves Valiquette
Yves Varin
Richard Verdon
Michel Vinet
Leslie Ungar
Karim Waked
Tatiana Zeiber

… et tous ceux et celles qui, de près ou de loin,
ont participé à la réalisation de ce projet.

Imprimé au Canada